［比］纳坦·乌伊汤达 著

［哈］阿德利娜·库尔马哈诺娃 绘

李琦 译

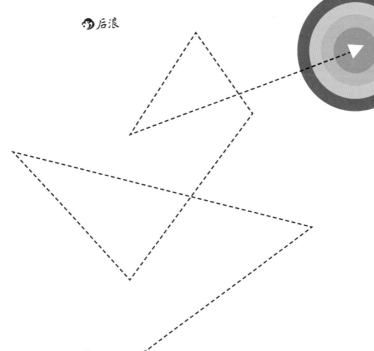

反驳的艺术

L'ART D'EXPRIMER SON DÉSACCORD

SANS SE FÂCHER

北京联合出版公司

Beijing United Publishing Co.,Ltd.

序 言

当我写下这几行字的时候，大约有 80 亿人生活在地球上。每个人都迷失在浩瀚的宇宙中，寻找着真理，寻找着关于万物本质、生活意义或者仅仅是"为什么存在"的答案。

探求世界的真理，发现世界的真实面目，并非一件容易的事情。每周有数以百万的人为之碰壁，丝毫没有意识到自己正走在错误的道路上。他们相信了最荒谬、最虚假的东西，有时多年以后才意识到自己的错误，有时终其一生都没有怀疑过这一切。

亲爱的读者，不要以为你现在或者以后不会遇到这种情况。千万不要斩钉截铁地宣称自己这辈子绝对不会听信胡言乱语，而且，你极有可能已经相信了很多骗子的谎话、很多与事实相悖的言论，但是，一切并非就此注定。你还有时间从中脱身，让自己在未来的日子里少犯一些错误。

那么到底该怎么办呢？我的第一条建议：不要毫无理智地相信你的个人感觉和经验。个人感觉和经验不能成为你寻求真理的指南针。事实上，你的感觉不仅不准确，还经常容易迷惑你。你不相信？举一个简单的例子，下面这个棋盘完全是横平竖直的，我们却感觉它歪歪扭扭。这种情况下，如果仅仅根据你的感觉，那么失败早已注定。但是如果你习惯将自己的感觉和一个度量可靠的工具相结合，那么当你的感觉和该工具所描述的情况不符时，这个工具就能帮助你，得出严谨的结论也就不难了。

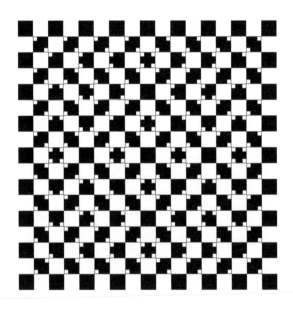

毫无理智地相信你的个人感觉和经验并不是促使你犯错误的唯一的原因。我的第二条建议：意识到自己需要其他人的帮助。永远不要认为自己可以完全不借助外力自行探索，好像自己是世界上唯一一个拥有时间、方法和精力来区分对错的人。

我们的地球是如此广阔，而我们中的大多数人只能亲眼看到几座城市、几处风景，它们只不过是地球极其微小的一部分而已。地球所处的宇宙更是浩瀚无垠，超出了我们的想象。而且，直到今天，没有任何一个人距离地球的最远距离超过了384 400千米（也就是地球和月球之间的距离），而这个距离同地球和太阳之间的150 000 000千米、太阳和银河系中心之间的250 000 000 000 000 000千米相比，根本不值一提。

不管你是否愿意，发现并理解世界需要共同合作，因为没有一个人能仅凭一己之力探索宇宙的全部奥秘。与世界隔绝，特别是对那些与你持不同意见的人不予理睬，很容易让你错过大量信息，最终一无所获。就好比你可以用双腿走路，但是如果你选择乘汽车、火车或者飞机，就可以去得更远、用时更短。同理，相比一个人苦思冥想，借用他人的智慧可以帮你在探索之路上走得更远、更快。

怎么借用他人的智慧让自己进步，同时，也让别人借用你的智慧来提升呢？没有比辩论更好的方法了。辩论非常简单，就是一边表达，一边倾听。

当你开始一场讨论或者辩论的时候，你要从他人的智慧中尽可能多地提取你自己没有时间挖掘的真理，同时，你也要让别人能从你这里获益，并且指出你可能存在的错误。不幸的是，往往事与愿违，大多数情况下，辩论并不能一决高下，反而变成了一场又一场的辱骂、嘲讽和堑壕战。

"你给我滚，小混蛋"

2020 年，人与人之间的辩论质量总体而言很差劲。下面举一个还不算最坏的例子：许多政客每次在选举时都会举止不当，还是在数百万观众面前。他们的论证很糟糕，毫无实质内容，还充斥着大量谎言和值得商榷的言论。每次选举后，社会上的分歧都更胜以往。而辩论无处不在：无论是家庭聚会和工作聚餐，还是朋友或夫妻之间的杯觥交错。

这种情况从古至今都是如此吗？几十年前的辩论比现在更好吗？面对他人的所思所想，在古代表达反驳的方式更加有效吗？虽然想要改善现状的想法并非是件新鲜事，但是我们彼此被互联网联系在一起却是史无前例的。这场科技革命让我们有机会接触到更多的人，激发了我们想要学习高质量辩论的欲望。我们要做的是让互联网变得更加有意义，而不是让它成为我们与相隔 1000 千米的人对骂混蛋的地方。

在我多次争辩均悲剧地以失败告终后，我发现了一个宝贵的工具——格雷厄姆标靶。它来源于计算机专家保罗·格雷厄姆的一篇文章，从发现之日起我再也离不开它，它改变了我的生活。2019 年 5 月，我曾有幸介绍了两次这个全新的工具，第一次是在阿维尼翁当地的"品脱科学"[1] 活动上（非常感谢塞巴斯蒂安给我这个机会！），第二次是在布鲁塞尔市中心，感谢"布鲁塞尔酒吧怀疑派"[2] 活动组织者杰里米·罗伊奥。

当时，格雷厄姆标靶激起了我的兴趣，我在自己的 YouTube 频道"怀疑的猫"（*Chat Sceptique*）里做了一期 20 分钟的视频，详细地介绍了格雷厄姆标靶。我写下这本书，想要献给每一位读者，无论你年龄尚轻还是已进入人生的后半段，因为学习更好地辩论或者养成批判性思维和年龄无关。

本书的第一部分详细介绍了格雷厄姆标靶，但是它还不足以指导我们更好地辩论。它更多的是对一场辩论中不同的反驳形式进行归类，以便让辩论者更有效地表达自己的观点。不过，读者朋友们，当你以为自己的论据非常有说服力，但实际

1　"品脱科学"（Pint of Science）是一年一度的科学节，旨在通过将科学家带到当地酒吧、咖啡馆和其他公共场所分享他们的研究和发现，向公众传播当代科学发展。2012 年 9 月成立于英国，2014 年拓展至法国、瑞典、爱尔兰等国家。——译者注

2　"酒吧怀疑派"（Skeptics in the Pub）于 1999 年成立于英国伦敦，面向所有对科学、历史、心理学、哲学、新闻调查等内容感兴趣的人。每个月都会邀请一位（或多位）演讲者介绍一个感兴趣的话题，然后在轻松友好的酒吧氛围中进行讨论。迄今在全球共计 100 多个小组，其中英国 40 余个、美国 30 余个。——译者注

上它并不能算作有效论据时，这个标靶也无法挽救你。

随便举一个无效论据的例子：诉诸异国"神秘"、把希望寄托于一个民族的遥远或"原始"的异国情调和特征之上，以此证明其习俗和医药的有效性等。你或许听到过这样的话："我每周用马尿浇灌一次我的菜园，这个方法来自拉丁美洲的红脚部落！"唉！这个风俗来自异国他乡的事实并不能保证它就不是荒谬无用的啊。

如果辩论的参与者中没有人掌握他们正在谈论的主题，那么格雷厄姆标靶对他们也毫无作用。比如说辩论者使用格雷厄姆标靶谈论地球的形状（平的，圆的，或者圣诞节冷杉树的形状），如果他们没有掌握数理基础，还犯了严重的逻辑错误，那么无论得出什么结论都毫无意义，这个结论极有可能是错误的，即使这些人讨论完还一副兴高采烈的样子。

由于无法短时间内让读者掌握物理学、管道学、数学、生物学、营养学、地质学、健康学、化学、细木工，甚至是制鞋业的知识，本书的第二部分试图用一些最为经典的、让人信以为真的错误论据来帮助读者更好地理解。

我不知道这本书会不会提高你们的辩论能力，但是我希望，这本书至少可以开阔你们的视野，你们愿意花上几个小时阅读它，这本身就已经令人难以置信了。

目　录

序　言　　　　　　　　　　　　　　　　　　　　　　　i

第一部分　格雷厄姆标靶　　　　　　　　　　　　1

黑色　肢体冲突　　　　　　　　　　　　　　　3

蓝色　辱　骂　　　　　　　　　　　　　　　　　11

紫色　攻击对方个人或者他所代表的群体　　　　19

坟塊色　攻击形式　　　　　　　　　　　　　　　31

橙色　无论据反驳　　　　　　　　　　　　　　　41

黄色　有论据反驳　　　　　　　　　　　　　　　47

黄绿色　就一个次要观点或者一句话进行反驳　　57

绿色　确定中心论点并反驳　　　　　　　　　　65

标靶的来源　　　　　　　　　　　　　　　　　73

第二部分　诡辩术的狂欢节　　　　　　　　　79

稻草人论证或偷换概念　　　　　　　　　　　　83

诉诸传统　　　　　　　　　　　　　　　　　　87

诉诸本土　　　　　　　　　　　　　　　　　　93

诉诸群众 97

诉诸自然 101

幸存者偏差 109

白鹳效应 115

小　结 125

第一部分

格雷厄姆标靶

瞄准标靶的中心

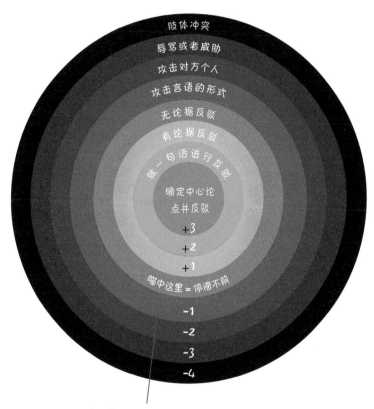

肢体冲突

辱骂或者威胁

攻击对方个人

攻击言语的形式

无论据反驳

有论据反驳

就一句话进行反驳

确定中心论
点并反驳

+3

+2

+1

瞄中这里 = 停滞不前

-1

-2

-3

-4

每次你落在红圈之外
就会有一只猫咪丧命

肢体冲突

你是不是经常在一番争吵后想把对方痛打一顿？

你不会因为有这种念头就变成了坏人，而且你也不是唯一一个会产生这种想法的人。有这种想法已经成了一种非常流行的趋势，但我不想冒险说这种趋势是自然而然的。而且，纵使如此，它也并不是大家所期待的。有太多自然而然的东西，例如癌症、瘟疫、地震，我们都在一直努力去消灭或者至少去克服它们的负面影响。

作为一名批判性思考者，面对一个蔑视我想法的人，我立刻想到"用暴力予以回应并不能帮助我探索世上的真理"。而本着如下原则可能会更有益：那些质疑你想法的人有他们这么做的理由。这不仅仅是一个关乎谦逊的问题，而是一种实现个人目标——看到世界本来的样子，而不是活在谎言或者童话里——的方式。

即使对方的侮辱性很强，以肢体冲突来回应只会让事态恶化、陷入绝境。在格雷厄姆标靶所标识的不同反驳方式等级中，肢体冲突无疑是最糟糕的。如果你瞄中了这个位置，那么你很快就会被他人疏远，真相也会离你而去。

你这个骗子、撒谎精！

巴兹·奥尔德林（Buzz Aldrin），原名小埃德温·尤金·奥尔德林（Edwin Eugene Aldrin Junior），美国军人、试飞员、宇航员、工程师。

他最有名的事迹是完成了多次飞行任务，并且于 1969 年和尼尔·阿姆斯特朗（Neil Armstrong）一起成为最早在月球上行走的人。

2002 年 9 月，在贝弗利山的一家酒店前，奥尔德林遭到巴特·西伯娄（Bart Sibrel）的诘难，此人是阿波罗计划阴谋论的狂热支持者。当时，巴特挑衅着逼迫奥尔德林在镜头前发誓登陆月球这件事确确实实发生过。奥尔德林拒绝了，并且让他安静点，但是巴特格外坚持，还叫嚷着奥尔德林是个"骗子、懦夫、撒谎精"。尽管巴特·西伯娄体形高大，72 岁高龄的奥尔德林还是冲着他的下巴打了一拳作为回应。

有很多种向他人表达反驳的方式。我认为，奥尔德林和巴特的故事完美地证明了两个人相继瞄中标靶外侧第二环（我们在后面几页会谈到）和最外环。

他人质疑了我们的信仰、我们的做事方式乃至我们取得的成就，那我们就对他们发起人身攻击。这种回击方式确实很诱人，特别是当我们缺少论据、百口莫辩，或者当我们感觉对方已经通过作弊赢得了辩论的胜利，而我们却无法加以证明的时候。

奥尔德林真的在月球上行走了吗？即使我对此毫不怀疑，

但是奥尔德林和巴特的对话并不能有助于任何人在这个问题上有所推进，而且在此事中，奥尔德林的表现还没有巴特成熟：这个事件将成为他留给后代"遗产"的一部分。

一个关于目标的问题

"纳坦，那正当防卫呢？你难道要对一位被殴打的女士说'反击是错误的'吗？骚扰，你又怎么看呢？"

当有人危害你的人身权，你出于自卫，选择肢体攻击作为回应，这是完全合理的。这种情况，已经不再是交流想法、辩论或者探求真理的问题了。当一个人处在危险之中，他的首要目标就变成了保命。为了实现这个目标，逃跑是第一选择，但那并非总是可行。这时候只能选择通过反击来终止侵犯，直到对方停止攻击或者无法继续攻击。

生活中，在特定的情况下该怎么做取决于你的目标。通常来说，我们每个人的目标并不相同。更糟糕的是，我们的个人目标，往往今年不同于去年，甚至当下这一刻的想法不同于一小时前。

早上，当我从床上起来，我的首要目标是用热水洗澡，再吃点东西填饱肚子。对一些人来说，他们日常生活的首要目标是安全，哪怕牺牲"真理"甚至自由，后者被他们看作是更次要的目标。对另外一些人来说，他们的首要目标是尽可能地多挣钱，积累物质财富。

然而，假设至少在接下来的几个小时里，我们的主要目标非常明确就是以下几个：

1. 我想接近这个世界的现实；

2. 我想和其他人进行深度交流（我想专注于实质性的讨论）；

3. 我想对其他人释放善意（我也希望他们对我友善）。

我认为，只有面对这张特定的目标清单时，格雷厄姆标靶才有意义。在我看来，用暴力来表达反驳可能会妨碍实现上述目标，而且格雷厄姆标靶已经明确地告诉我，暴力是最糟糕的反驳，格雷厄姆标靶是如此实用中肯，一定要拿出来再强调一番！

相反，对于其他目标，使用格雷厄姆标靶可能会适得其反。正如一把锤子适合钉钉子，但不适合擦玻璃。

既然如此，亲爱的读者朋友们，请允许我在本书的开头向你们坦白：如果我认为格雷厄姆标靶适用于我上面的目标清单，这仅仅是一个选择问题。也许未来我会发现格雷厄姆标靶对我制定的目标造成了妨碍。对此，我会感到非常震惊。我还设想了最糟糕的情况——终有一天格雷厄姆标靶对我的目标没有任何作用了。

通过互联网的肢体冲突

在网上，我们轻轻松松就能找到这样的视频：为了反驳他人或者某些观点，视频发布者拿着重型武器射击或者拿着刀刺穿代表着那些人或者观点的东西。就算网上这类视频的制作和传播还不算是瞄中了格雷厄姆标靶的最外环，它们也确实导致或加剧了辩论的恶化。如果我再去制作并传播这样的视频，那就只会妨碍我寻求真理和深度交流的目标。

有人经常告诉我，格雷厄姆标靶的黑色圆环对网上的事情不起作用：不可能通过光纤侵犯对方的人身权。这只能说持这种观点的人缺乏想象力！

以 BadPower 为例，这是中国腾讯公司的研究人员发现的一种新型计算机攻击，它可以烧毁或者熔化连接着快速充电器（比如新一代手机快充）的设备的电子部件。网络犯罪分子只需要远程修改固件——一个实现充电器运行的最基础的软件程序——就可以让充电器释放过多的电量。当所连接的设备无法承载超额电压，就会因过热造成物理损坏。虽然损坏的程度取决于充电器的类型，也取决于设备本身拥有的保护措施，但还是有发生火灾的可能性，这种攻击造成的后果可想而知，甚至可能导致受害者死亡！

然而，就算不通过 BadPower，我们还是可以注意到，通过光纤进行的物理伤害把我们带到了一个更广义的远程物理伤害的问题上。这也不是什么新鲜的事情了。我们可以远程付钱找人把对方毒打一顿，或者在网上散布谣言，让那个和我们意见不一的人在现实生活中遭到攻击，或者在网上不断骚扰对方，直至其选择自杀结束生命，甚至通过报假警（swatting）[1]来予以报复，这种做法具体说就是让警方相信有必要采取紧急干预。例如，2017 年 12 月，28 岁的男子安德鲁·芬奇（Andrew Finch）因为一场意想不到的报假警被警察射杀[2]。

---

[1]　起源于网络游戏世界，为了报复对手，打电话给警察谎称对手家中正在发生人质绑架等犯罪事件，诱导警方前去突袭。——译者注

[2]　事件起因是游戏中加斯基尔的角色杀死了维纳的角色，维纳想在现实生活中报复加斯基尔，就雇人打电话给警察局，谎称加斯基尔家中出现人质扣押事件。而该地址实际是安德鲁·芬奇家。警察赶到后，命令芬奇把手举起来，混乱中射中了芬奇的胸部，致其死亡。——译者注

辱 骂

　　格雷厄姆标靶上的"-3"环显然比肢体冲突更可取，但依然不是什么好成绩。如果你经常瞄中标靶的这个位置，那么你需要冷静一下了。

辱骂的人已经输了

　　2010 年，在第八届"令人惊异的会议"[1]这个以怀疑论为主题的对话活动中，菲尔·普莱特[2]向观众发问："你们中有多少人过去曾相信一些事情，现在不再信了？飞碟、通灵术、宗教或者其他东西。"大多数观众举起了手。菲尔继续说道："现在我再问你们一个问题。你们中有多少人因为曾经有人把你们当成无脑白痴和智障而失去了对他的信任，变成了怀疑论者？"观众哄堂大笑。

　　如果我们多思考半秒钟，就会认清一个显而易见的事实。在辩论中，绝不能辱骂对方。然而，现实情况比我们想的要严重得多：我们经常在辩论中辱骂对手，尽管这个做法收效甚微。再说，辱骂也不道德。当然，我们可以通过脏话来找乐

1　令人惊异的会议（The Amazing Meeting，TAM），是以科学，怀疑论和批判性思维为重点内容的年度会议，于2003年开始，由詹姆斯·兰迪教育基金会（James Randi Educational Foundation）赞助。——译者注

2　2008 年至 2009 年间担任著名的怀疑论组织詹姆斯·兰迪教育基金会的主席。——作者注

子。你可能会和我一样，开玩笑似的冲着你的猫爆粗口，如果你有猫的话。或者"喷"你最好的朋友，不管男女，如果你有朋友的话。不过就算你有人类朋友，我还是建议你养一只懒洋洋待在家里的大肥猫。你还可以用脏话来解压，比如说在玩电子游戏的时候，你被一堆僵尸包围，你一边破口大骂，一边用火焰喷射器把它们都烧光。（我在生活中绝对没有做过这种事，我可是个好公民。）

但是，如果你真的用辱骂来进行反驳，那么你就输了。举一个 2019 年法国乔治林将军对历史古迹总设计师菲利普·维伦纽夫说的话为例。后者打算按照原样为巴黎圣母院重建同年 4 月 15 日火灾中被烧毁的尖顶。将军与设计师二人意见不合，互相反对，11 月，将军绷不住了，在镜头面前带着自负的神情说了一句："让他闭嘴。"

这段糟糕的对话反复出现在各大网站和电视频道上。往好点说，这句话表现了将军个人的不成熟；往坏里说，它体现出政府专制的趋势，而这本不该在共和国类型国家里占据一席之地。我希望在网上转发的新闻不是关于一个人辱骂另一个人的故事，而是一个人分析对方说了什么，并冷静地阐释为什么他说的不对。

我知道，那样的东西不会经常出现在脸书或者类似网站的时事热点里。

抽离出来，去吃个可丽饼

当我浏览社交网络的时候，我的脑海里总是有着格雷厄姆标靶。在我敲击键盘的回车键、想要在网上发一条言论之前，我会先确保自己的言论不会瞄中标靶的外圈。这需要一定的训练。此外，把格雷厄姆标靶打印下来放在屏幕边大大帮助了我。现在，想象一下，对话者愚蠢的言论让你不开心，回骂一句似乎是个好主意，你这样做仅仅是为了发泄一下，倒霉的是，这样你就瞄中标靶的外圈了。这时候，我只有一个建议：退出

1　LCP，全称 La Chaîne Parlementaire，议会频道，是一个法国电视台，为国民议会所有，成立于2000年。——译者注

账户，关掉电脑，出去走走、呼吸呼吸新鲜空气，吃个可丽饼或华夫饼。过一会儿，等你平静下来，你就可以用另一种方式组织文字了。我们在社交网络上花费太多时间了，时不时地退出账户对我们只会有好处。光纤和无线电广播把我们彼此联系在一起，但我们不能因为这一科技奇迹，就无时无刻不泡在网上。

当你想要抽离对话者冲你说的话或者发表的言论时，格雷厄姆标靶也非常有用。如果他骂了你一句以后，再也没有发其他内容了，那你可以先暂停这场争辩，尝试和他讨论你们交流的目的。稍微棘手的情况是对面那个人言之有物、精妙有趣，但是他会时不时地在某处损你一句。

虽然不太容易，但在这种情况下，你要能忽略他骂你的内容，只针对论据做出回应。哪怕对方攻击性很强，和他的争辩也会很有意思。只要你表现得比他成熟，无视辱骂的言语。不要让你的荣誉感或自尊心阻碍了探索真理的道路。一旦你们的交流得到了一个实质性的结论，这时候再去他那里讨个公道也为时不晚，比如浏览一遍你们交流的内容，着重找出你没有必要为之生气的地方。

相反，如果你很快就发现一场交流里除了辱骂就没有别的内容，而且那个人也找不到其他方式来证明自己的观点了，这时我们就回到我刚才说的：是时候暂停交流了。耐心点，友善点，包容点……但是不要成为网络上被人随意揉搓的沙袋。就好比面对一次又一次的肢体冲突，如果无法逃跑，一定要奋力自卫。同理，面对一次又一次的辱骂，而且对方毫无有效论据，这种情况下一定要立刻结束交流，不要期许赢得争辩的胜利。

如何确定哪场讨论或辩论值得花时间去进行呢？你只需要依据下面的小流程图便可轻松得到答案[1]。

---

1 克里斯托弗·米歇尔，You Tube 热门频道"心理卫生"（*Hygiène Mentale*）的视频博主，节目内容主要是关于批判性思维，该流程图是他从英文翻译成法文的。——作者注

感谢你向我提议

围绕这个主题

进行讨论

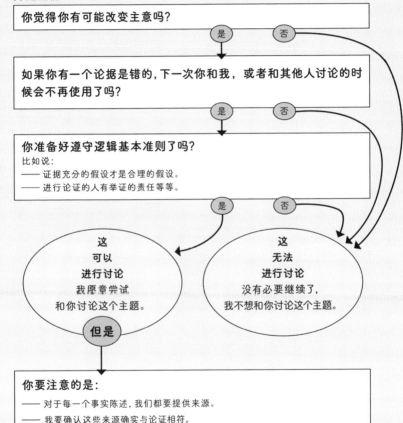

开始之前

你觉得你有可能改变主意吗？

是　　否

如果你有一个论据是错的，下一次你和我，或者和其他人讨论的时候会不再使用了吗？

是　　否

你准备好遵守逻辑基本准则了吗？

比如说：
—— 证据充分的假设才是合理的假设。
—— 进行论证的人有举证的责任等等。

是　　否

这
可以
进行讨论
我愿意尝试
和你讨论这个主题。

但是

这
无法
进行讨论
没有必要继续了，
我不想和你讨论这个主题。

你要注意的是：
—— 对于每一个事实陈述，我们都要提供来源。
—— 我要确认这些来源确实与论证相符。
在尚未完成一个论据的评估之前，我们不会开始新的论据。

　　所谓**讨论**，是两个人之间的对话，如果对方的论据是充分的，双方都做好了改变主意的准备。
　　可是有些人混淆了**讨论**和**说教**。
　　如果有一个人只是为了表达自己的观点，却不去聆听或者评判对方的观点，那么这个讨论就没有意义了。
　　为了避免浪费我们的时间，上面这个流程图可以帮助我们知道是否值得围绕某个主题展开讨论。

攻击对方个人或者他所代表的群体

不管怎么说，
狗都爱撒谎

攻击对方个人或者他所代表的群体比辱骂稍微好一点，它是一种用回避替代迎战对方言论的有效技巧。如果你说了类似这样的话，那么你就会瞄中标靶的这个位置："你怎么会读一本比利时人写的书？"，或者"我不和同性恋争论！"，甚至是"你怎么能听那家伙的话呢？他／她可是喜欢猫而不喜欢狗的"。

博罗米尔，他也可以更加努力！

在我们的社会中，夸张点说，攻击一个人已经变得稀松平常。我们在小说电影、政治辩论、家庭聚餐、电子游戏里都能发现这种形式的攻击，只不过它们没有被当回事儿。

举一个令我印象深刻的例子，来自电影《指环王》三部曲的第一部。在中洲世界生活着不同的族群，他们有一个共同的敌人——索隆。他们夺取了索隆的至尊魔戒。各个族群的代表就如何使用这一强大的武器争论不休。

"博罗米尔：为什么不能使用这枚魔戒？让我用它对抗我们的敌人！

"神行客：你无法控制魔戒，我们中没有人可以控制魔戒！至尊魔戒只听命于索隆一人，它没有其他的主人。

"博罗米尔：你一个区区游侠能知道什么？

"莱戈拉斯：他可不是普通的游侠！他是阿拉贡，阿拉松之子，你要向他效忠。"[1]

在这场对话中，想要将魔戒占为己有的博罗米尔试图通过攻击他所以为的"区区游侠"，来回避神行客说的话。至于莱戈拉斯，也没有表现得更出色。他没有把讨论拉回核心，而是就针对个人的攻击予以回应，更具体来说，针对博罗米尔错误地认为"神行客不过是一个区区游侠"进行反击。然而，神行客表达的基本信息非常清楚：只有索隆可以使用魔戒。唯一真正需要考虑的是确定神行客说的是真的还是假的，把辩论转向人物的身份只会让对话变得混乱。我就部分内容稍微修改了一下，来看一看这个场景怎么发展可以让对话变得更加高效：

"博罗米尔：为什么不能使用这枚魔戒？让我用它对抗我们的敌人！

"神行客：你无法控制魔戒，我们中没有人可以控制魔戒！至尊魔戒只听命于索隆一人，它没有其他的主人。

"博罗米尔：你一个区区游侠能知道什么？

"莱戈拉斯：**不管他是不是游侠，这都没那么重要。阿拉贡，你有证据证明你刚才说的话吗？你怎么知道至尊魔戒只听命于索隆一人？**"

而最理想的情况则应该如此：博罗米尔亲自向神行客要他

1　节选自电影《指环王：护戒使者》，彼得·杰克逊执导，2001年上映。——作者注

刚才所说的话的证据，并且克制自己不去攻击对方。在下面这个对话版本中，博罗米尔虽然尖酸刻薄，但是更加积极主动，同时也符合场景里人物的语气：

"博罗米尔：为什么不能使用这枚魔戒？让我用它对抗我们的敌人！

"神行客：你无法控制魔戒，我们中没有人可以控制魔戒！至尊魔戒只听命于索隆一人，它没有其他的主人。

"博罗米尔：**你这么说有证据吗？游侠！拿出你的证据！**"

狄尔多尼（Dieudonné）是一位法国喜剧演员和政治活动家，由于他和历史否定主义者圈子有众多联系而饱受争议，这个圈子的人否认德国纳粹对犹太人犯下的种族灭绝罪行的严重性。为了捍卫自己的立场，狄尔多尼习惯对他人进行攻击，已然成为瞄准格林厄姆标靶这个位置的常客。你知道《盖索法案》（Loi Gayssot）吗？它由一名叫盖索[1]的法国议员发起，于1990年在法国通过，其中第九条首次将刑罚指向历史否定主义者。狄尔多尼立刻将这部法案称为"犹太-社会-共产主义"法案，仅仅是想避开对文本内容的实质讨论，把人们的注意力转移到这部法律发起人盖索的政治观点或者盖索本人。他是故意这么做的？还是他真的认为这是一个很好的方式，可以推进关

1　让-克洛德·盖索（Jean-Claude Gayssot），法国共产党成员。——译者注

于清除历史否定主义的讨论呢？答案不得而知。

也有其他回应不错的例子：2019 年，巴黎市长候选人塞德里克·维拉尼可能有些自闭。一位记者和他交谈了很久后，决定直截了当地问他：这一切是不是谣言？维拉尼回答称："我不知道，我从来没有去诊断过，而且我从来没有觉得需要去诊断，就算去了又能有什么不同呢？"真是一个精妙的论点：确实，又能有什么不同呢?

钓鱼主义 [1]

在推特上，我们会发现一些用户在她（他？）们的个人资料描述里写下这样的句子："我不和异性恋及男性说话！"这种推特账号可能是假的（也可能不是！），但这不重要，因为我引用它的目的是揭露某些激进分子的极端偏激行为，嘲讽那些过分激进的女权主义者，这些人的目的不再是男女平等，而是要求女性的权力超过男性。

推特这个社交平台名声不佳，用户往往充满敌意。此外，推特上还聚集了大量"钓鱼者"。起初，这个词指代网络上爱开玩笑的人，他们以让网友加入一场又一场只是在浪费时间的讨

1　trollisme，又译"巨魔主义"。——编者注

论为乐。但他们往往心眼不坏，和他们对话是一个很好的练习耐心、培养善意的机会。然而，今天这个词语的含义变了，"钓鱼者"成了"乐子人"，这些人居心叵测，为了取乐和打发无聊甚至都没有特殊的理由，就制造混乱、激起论战、让辩论失控。"乐子人"满怀恶意地四处游荡，从不会暴露自己的真正意图。

　　不管在推特账号背后的人的动机是什么，我们应该一致同意：以网民的性取向——异性恋、同性恋等——为由不去直面对方的言语，确实相当差劲。如果换成宗教或者国籍，也会出现同样的问题：没有任何一个标准可以成为我们不去倾听某类人群的理由。

依靠自己解读还是相信专家？

　　如果你觉得刚才的观点已经非常清晰明显，那么现在来看一个更为棘手的例子。一名议员在社交网络或者传统媒体这样的公众场合发表讲话，声称："议员的薪资不够高，理由如下：* 原因列表 *。"一位坚定地认为议员的收入已经足够高的网友或者普通百姓这样回应道："他当然想提高议员的工资，他自己就是一名议员！不要听他的，他会给我们洗脑的。"这种说法就是对个人的攻击，这里我们更应该去关注议员提出的理由：

要么这些理由非常有道理，确实需要提高议员的津贴；要么这些理由完全站不住脚，这时就需要他给出解释。一个人提出增加议员的津贴，而他本人就是一名议员这件事，显然会是让人更为关注他提议的理由，所以指出可能存在的利益冲突并没有错。然而，利用对方的身份来诋毁他或者剥夺他的话语权并不妥当，这就好比博罗米尔以神行客只不过是个区区游侠为由诋毁他；又或者正相反，莱戈拉斯试图以神行客是某个王国的继承人而盛赞他！

这也正是积极交谈的魅力所在，每个人都可以深入对话：社会出身、地位、文凭几乎都不重要，只有内容和证据才作数。除非是既没有时间也没有欲望去深入对话，只想着不要牵连自己，快点得出结论，否则轻易去相信一个"专家"或者一个社会地位高的人，而不相信一个普普通通的人，是不合适的。

最后这一点非常重要。你的精神状态怎么样？你是否有时间、欲望、精力去为了接近真相而争论？如果是，那么祝贺你！可是，自欺欺人是没有用的：就算我们一直怀揣着探求真理的目标，我们中也没有人能一直拥有这般时间和精力。如果一名医生和一名消防员就疫苗的好处意见不一，而你对此一无所知，你也没有勇气和时间去深入这个问题，那么你自然而然会因为医生的专业性选择相信他而不是消防员。听专家的话，你就减少了相信一个错误观点的可能性。但是，需要注意的是，作为一条捷径，它可能会有风险。很多时候你可能会遇到，消防员或其他某个人完全有道理，专家说的反而不对的情况。又或者万一同一个领域里的两名专家意见不一，如此一来"听专家的话"也行不通。这个时候，为了知道真相，你就需要亲自上阵，评估两个专家之间的辩论，看看他们的论据分别是什么，谁的论据相较而言更好。

利益冲突

在网上，有些话题要比其他话题更具有杀伤力，几乎总是造成对个人的攻击或者辱骂，以此来回避往往过于痛苦的实质性讨论。关于顺势疗法的争论就是一个典型的例子。其中一个主要论点是，除了安慰剂作用外，顺势疗法的有效性从未以可复制的方式被加以证实。那些致力于揭露顺势疗法没有作用的人通常被对方阵营视为受雇于"大药业"[1]。

2019 年 5 月，比利时国内的第一个消费者协会"测试–购买"（Test-Achats）发布了一篇文章，上面写道："在［他们已经］分析的顺势疗法的药物和基于植物的传统药物里，没有一种能证明顺势疗法具有［除了安慰剂效果之外的］效用。"下

---

1 "大药业"（Big Pharma）是一个贬义词，用来指代大型制药公司。——作者注

面这个回应只是协会在网上发布这篇文章后[1]收到的大量雷同留言中的一条，我将之匿名后转述如下："我严重怀疑你们是不是受雇于制药公司？无论如何，我再也不会相信你们了，也不会订阅你们的内容了。我要和你们分道扬镳。你们失去了我的信任。你们最好还是去攻击那些副作用危害到人类健康，却让'大药业'赚得盆满钵满的药物吧。你们只要体验一下顺势疗法，就会被彻底征服。"

这里就出现了利益冲突，尽管只是出于宣称者限定条件下的臆想，但是不可避免地造成了"消费者协会的分析会有失偏颇"的想法出现。

利益冲突是一个很棘手的话题。这个说法暗示着在歪曲真相或事实的背后是经济利益。通常是因为发表言论的人接受一个赚大钱的公司（或行业）资助或就为其工作。然而，在接受公司支付报酬、为公司辩护的同时，又不与事实相悖是可能的。所以，即使证实存在利益冲突，比如一名医生相信顺势疗法的有效性，同时他还是布瓦宏[2]的科学顾问，事情其实也并不复杂：只要事实客观，没有以偏概全，那就无须再过多讨论利益冲突了。此时再继续讨论利益冲突而回避辩论的实质，这就变

1　我个人并不知道这个协会，但是他们在知道发布这篇文章会失去很多订阅用户［这些人是他们的主要收入来源（具体见后面的阐释）］的情况下，依然发布了这篇关于顺势疗法的文章，我向他们的勇气表示致敬。——作者注

2　布瓦宏（Boiron），世界领先的顺势疗法生产商。——作者注

成对个人的攻击了。

然而，利益冲突并不局限于单纯的金钱利益。它也可以是政治利益：当有人鼓惑人心时，很容易从中发现偏见及有失公允，鼓惑者往往专挑被大众忽视的"软柿子"捏[1]。还有意识形态利益：如果一个人被洗脑说核能是一场灾难，那么他的立场就会带有明显的倾向性，而且往往与事实相悖。显然，反过来也是如此：那些被洗脑说核能是能源问题**唯一**解决方案的人就会忽略与他们的观点相悖的事实。这就是政治利益或意识形态利益冲突带来的问题——它们无处不在。无论主题是什么，对话者是谁，毋庸置疑，利益冲突都可以成为让对方哑口无言的理由。

虽然在辩论中观察一个人的立场时，一定要把利益冲突考虑在内，但是当涉及辩论的实质内容时，利益冲突就不再是一个值得关注的要点了。如果你一开始就认为对方隐瞒了什么事情，而你又无法证明，那么你在辩论中的态度就不会很积极。下面是一条黄金法则，我建议把它打印下来，装裱后挂在家里。每天早晨，在出门面对外面的世界之前，大声读出来："**始终相信对方的真诚，除非你有充分的理由证明对方不是如此。**"

再回到消费者协会的例子，它真的和制药公司有关联吗？如果有关联，那么只有当我们能证明正是这一关联让消费者协

1　这里我受到了推特用户@Matadon_文字的启发，已获其同意。——作者注

会歪曲事实，这件事才会变得棘手。然而，消费者协会和制药公司之间并不存在关联。而且只要点击消费者协会的网站[1]，就会看到一个显示该协会活动资金的图表：99.2% 来自消费者，0.6% 来自企业，0.2% 来自公共机构。

　　没有必要浮想联翩，这一切都表明消费者协会是以独立的方式得出结论的，这个结论依托了过去几十年里进行的上百项研究，和这一主题相关的科学共识一致。确实有几个正向研究证明顺势疗法具有除了安慰剂效果之外的作用，不过它们都没能再次成功复制。说好听点，我们将之称为积极的错误[2]；说难听点，就是个彻彻底底的错误。也就是说，之前的实验使用了作弊手段或者进行了偷梁换柱，比如说忘记设计对照组或者找各种借口，只希望赶紧摆脱这件事，不愿冒险告诉我们一直以来我们都错了。对于那些想挖掘这一主题的人，我推荐一本很棒的书：托马斯·C. 杜兰（Thomas C. Durand）的《你了解顺势疗法吗?》（Connaissez-vous l'homéopathie?）。

耐心点

　　如果对方就是攻击你这个人，瞄准了格雷厄姆标靶的紫色

1　https://www.test-achats.be/ ——作者注

2　事实上，就算存在一个关于某医学疗法的正向研究依然很难证明该疗法的有效性。只有当结果可以被多个独立严谨的实验室复制时，该疗法的有效性才会被承认。——作者注

区域，你要怎么办呢？你可以帮助他射出第二支箭，让它离靶心更近一点，比如说建议他详细说一说自己的想法："你怎么看顺势疗法？你觉得它有效果吗？"还需要记住一点，在社交网络上，你遇到的大部分人就是图个放松，并不是来寻找关于这个世界种种问题的答案的。他们必然没有时间、精力和欲望去弄清事情的真相。如果你对面的网友是个思想狭隘的人，只知道一味地重复"我相信××医生关于××药物的好处或弊端的话有道理，因为××是医生，而你什么文凭也没有，肯定对此一无所知，你最好还是闭嘴"时，你就这么想：这个人今天可能没有精力深入讨论问题，选择相信医生的专业来区分真假。最好的做法就是等以后他的状态更适合评估彼此的论据时，再找机会重新对话。如果这个人似乎一直不在状态中，那就没必要再争论了，只需要向其解释文凭并不总是真理的保证。可以举几个例子，有文凭的人是错的，而没有文凭的人是对的，或者仅仅举出专家之间意见不一的例子，这就足以让对方这个只相信专家的人产生动摇。专家之间意见不一的例子很容易在网上找到：想一想 2020 年初新冠肺炎疫情时的迪迪埃·拉乌尔（Didier Raoult）[1]，当时他和全球很多其他和他能力相当的专家产生了分歧。

---

[1] 疫情初期，他声称他使用抗击疟疾的药物氯喹能让病人康复，引起舆论轰动，也成为当时医药界争论的焦点。——译者注

攻击形式

攻击形式和攻击个人有点相似，但是又有所区别，攻击形式没有那么卑劣，它不是通过攻击对方个人或者他所代表的群体，而是指责对方话语里的形式错误，来回避对方的言论或者在公开场合损毁对方的形象。

对花园小雕像忧心忡忡

举一个简单的例子，辩论者认为他面前的人品味不好，因为在这家伙展示自己一系列观点的幻灯片里，每一页都是紫色背景配上花园小雕像的插图，字体还用的是 Comic Sans MS。对于热衷于批判的人来说，对演讲横加批评远比关注信息的实质内容更有吸引力，特别是当信息非常混乱的时候。于是就有了下面这样的评论："当你的 PPT 是这个样子的时候，我很难认真去听你到底说了什么。"

这种回应对方论据的方式，就是以对方缺少魅力。拼写糟糕，甚至是他的服装古怪为由而对他不理不睬。这些都不是对其言论不感兴趣的充分理由。

当你学会写字的时候再回来吧

就像缺乏魅力、外表古怪、品味糟糕一样，拼写错误也可

🐱 Comic Sans MS 字体的问题是什么？

2012 年，在欧洲核子研究组织[1]宣布发现希格斯玻色子的新闻发布会上，法比奥拉·吉亚诺提（Fabiola Gianotti）[2] 使用了该字体，现场反应非常尴尬。

在这件事的两年前，《时代》周刊指出这个字体可能是史上最糟糕的字体。反对该字体的人认为它太幼稚，构思和设计都不尽如人意，还经常被人滥用。20 世纪 90 年代中期，文森特·康奈尔为微软系统设计了这个字体（这就是为什么"MS"会出现在这个字体的名字中），用在给儿童的计算机程序里。

很多图案设计者会告诉你说：一个字体要能反映出它所承载的信息的语气，但是这并不妨碍 Comic Sans MS 字体一直不断出现在各种不合时宜的场合里：比如 2018 年 7 月智利前总统佩德罗·阿吉雷·塞尔达的雕像底部；2015 年希腊总理政党中几位重要成员的辞职文件中；2012 年荷兰制作的第二次世界大战纪念牌上面……它还出现在 You Tube 上做科学普及的法语视频博主的对话框里，数学家勒[3]经常在他的视频中使用这个字体，其视频拥有数十万人的观看量。

1　欧洲核子研究组织，缩写是 CERN，位于法国和瑞士的边界附近。——作者注

2　意大利粒子物理学家。——译者注

3　全名 Lê Nguyên Hoang，出生于1987年，毕业于巴黎高科，You Tube 频道是"Science4All"。——译者注

· · ·

　　在社交平台上，这几年开始了一场年轻人和中年人[1]之间的代际战争，2019 年尤其紧张。年轻一代前所未有地想要和上一代区分开来，他们认为上一代的很多人狭隘、过时、傲慢。上一代在电子邮件的书写或者亲人讣告的设计上，都特别热衷这个字体，然而年轻一代对这个字体不屑一顾，还将这种不屑发展成了一种新的潮流。

　　出于上述这些原因，这个字体被认为"有毒"。如果使用这个字体，那么遭到攻击形式而忽略内容的风险就会非常之高。没有必要执着于这个字体，毕竟网上还有成千上万个免费的字体可以替代。

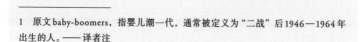

1　原文 baby-boomers，指婴儿潮一代，通常被定义为"二战"后 1946—1964 年出生的人。——译者注

以成为个别人将讨厌的对手拒之于辩论以外的一个简单借口。今天，几乎人人都可以上网。各个阶层的人都泡在网上，但是有些人的成长环境主要以口语文化为主，尽管他们也接受了义

务教育，但是并没有掌握基本的书写技能[1]。

　　无论是在互联网还是在其他地方，书写技能还具有社会选拔的功能，这一点在今天尤为突出。然而，拼写绝非一个用来评估智力或者决定对方能否参与辩论的标准。如果一个人声称有证据表明人类从来没有在月球上行走过，那么哪怕他的拼写不准确，也应该礼貌地让他提供证据继续讨论。除非他的拼写妨碍到正确理解他所提供的证据，否则没有理由专门去提及他的拼写问题。在这种情况下，不让他参加自己感兴趣的辩论实在让人难以接受。正确的做法是帮助他修改拼写，以便让其他人理解他所提供的证据，而不是在还没有理解的情况下，一味贬低他说的内容。

　　请注意，我不是想说辩论的内容、形式、拼写、语气等就不重要了，恰恰相反。在一场辩论中，富有感召力和正确的表达都至关重要，它们也是展现个人魅力的方式。You Tube 上很多知识科普视频博主的成功主要就是依靠他们清晰又独特的交流形式。You Tube 频道"DEFAKATOR"的视频博主就是最典型的例子，他每次录制都戴着面具，穿着奇装异服，尽可能让网友开心。频道"Horror Humanum Est"的视频博主在视频里只使用几种颜色，主要是黑色、奶油色和鲜红色，这让

---

[1]　这不是本书的主题，但是在一个实行义务教育的国家，文盲的持续存在确实是一个巨大的社会失败。——作者注

他的视频风格独一无二，在网上一眼就能认出来。至于克里斯托弗·米歇尔，他规定自己尽可能少地使用黑色和白色之外的颜色，从而形成了独特且容易辨认的视频风格。还有知名频道"Simplex Paléo"的视频博主亚历克斯·贝尔纳迪尼和他那些百穿不厌的夏威夷衬衫，让网友对他的视频百看不厌。

以标靶为借口

在这本书的前面部分，我谈到了比肢体冲突稍微好一点的反驳方式：辱骂。

在社交网络或者其他地方，很多人提出了非常好的论据，但总忍不住在其中夹点脏话，这样一来，即使他们的论据可能很好，但还是瞄中了格雷厄姆标靶的外环。自从2019年初，我在You Tube上介绍了格雷厄姆标靶后，我发现了一个有趣的现象：有些标靶的爱好者，面对对方的辱骂后，即使对方还有其他论据，也以标靶为借口不再听对方说话了。于是就出现了下面图片里两只猫咪的对话。

然而，以对方瞄中了格雷厄姆标靶的外环为借口避开他的实质论点……这就是一种对形式的攻击，会让自己错过靶心。在这场交谈中，真正错的是右边的猫咪。左边的猫咪说了X是假的已经被证明了3次，而右边的猫咪对它说的话毫不感兴趣，更像是故意回避这个话题。

在对方表达了具有实质内容的信息后，无论对方多么恶意满满或者咄咄逼人，以标靶为借口来结束交谈都是不对的。如果对方瞄中了格雷厄姆标靶的不同地方，那么首先记住其中离靶心最近的内容。即使对方很无礼，也要保留他最好的论据，这样你可以就此延伸讨论，并且缓和气氛。

当然，如果一个人最好的论据就是攻击对方，那就没必要继续对话了。

尽量减少书写错误，表现得富有感染力，使用合适的语气，声情并茂地演讲，结构清晰地表达观点，这些都很重要。

如果你还相信X是真的，那你真就是个蠢货。只要你稍微做点功课，就会知道在2005年、2007年和2008年都曾证明X是假的，这就是我之所以这么说的原因。

你没听说过格雷厄姆标靶吗？如果你辱骂了对方，你就不要指望他们会听你讲话。祝你开心。感谢你一番精彩的演讲。

理由很简单，这样可以减少被他人攻击形式的风险。

与此同时，这本书和格雷厄姆标靶都想要传递的信息是：宽容对待别人在形式方面的错误，不是因为人无完人，而是因为只有实质内容才真正作数。保护自己不受到对形式的攻击，但更重要的是，保证自己不对其他在这方面犯错的人进行形式攻击。需要注意的是，最后这条建议不是让你不对任何论据形式进行批评。事实上，你应该毫不犹豫地帮助别人进步，减少其他人成为这类攻击的受害者的概率，因为在交谈中一旦出现了对形式的攻击，就会产生巨大的影响。不过，这件事要私下里友善地进行，绝不能在公开场合摆出一副高傲的姿态，让对方难堪：那样的话，你并没有帮助对方避免形式的攻击……你自己就犯了这个错误！

避免瞄中格雷厄姆标靶的外环需要进行足够的训练，这的确是一个巨大的挑战。想要更好地辩论，你需要做很多工作准备好自己，但是这还远远不够，还要以友善温柔的方式帮助他人采取正确的做法。

预防对形式的攻击

　　为什么我像躲避瘟疫一样介意 Comic Sans MS 字体，还建议其他人和我一样这么做？为什么我每个月都要花几个小时重新复习一下拼写规则，尽管我并不能从中获得乐趣？为什么当我要在公众面前演讲时，我会关心我的着装和发型？为什么这本书里会出现猫咪？为什么格雷厄姆标靶是彩色的，而我却只能以一种朴实无华的学术风格来撰写这本书呢？这些问题的答案就和辩论一模一样：因为如果不在意这些标准，别人就有可能指责我。因为如果我不努力让这本书变得有趣，提高我的语言感染力，别人就有可能用这一点攻击我，以此为由让我退出讨论。因为如果我的书里全是错误，别人就有可能拿这一点抨击我，而且这本书也不会有人愿意看了。

　　在理想的世界里，不会出现攻击形式这种情况。我们都会非常有耐心，我们会有很多时间，我们也会暂且抛开一些人品味不行或者魅力不够的想法，而去倾听他们信息的实质内容。可惜我们不是生活在这样的世界，但我们可以一起努力朝这个方向改变。鉴于我们现在生活的世界里有很多对形式的攻击，为了预防这种事情的发生，让自己做到无可指摘就非常重要：注意自己的外表、表达、拼写、语气，不断提升个人魅力。

无论据反驳

当我们和他人辩论的时候，我们的目的从来不是为了浪费时间，或者在辩论结束后反而比辩论开始前更加困惑。我对那些特别不擅长辩论艺术的人极其感兴趣：研究他们的行为可以让我知道哪些事情不能做！梳理辩论中出现的好的做法与经典绝妙的对话很有意义，但是这还远远不够，还需要梳理不好的做法。

红   圈

我们终于来到格雷厄姆标靶上的红色圆圈了，把外面几个圆环先放一放，它们不过是辩论中不好的做法的等级列表，从最糟糕到稍微有一点糟糕。现在，终于可以松口气了！从这里开始，我们将要探索的表达反驳的形式不再是回避谈话的内容，不再是打脸和辱骂，不再是对个人或其形式进行攻击了。在这里，终于要开始一系列好的做法了，首先登场的是橙色圆环。不过，这个圆环仍然不是一个值得推荐的表达反驳的方式。来看几个例子。

吉拉尔，82 岁，精神矍铄。他喜欢喝酒，每次在家庭聚餐的时候都坚持把在座每个人的杯子满上。他向那些乐于听他讲话的人传授他的长寿秘诀——喝酒，还一直劝周围的人效仿自己。每次圣诞节的时候，他都会拿出一瓶从意大利带回来的好酒倒给亲友喝。然而，他的女儿，叫她露西吧，认为父亲说的不对，他的长寿和喝酒毫无关系。有一天，她实在受不了了，对父亲说："你所谓的'喝酒对身体有好处'根本没有道理，我才不相信。我认为你应该少喝点酒，而且你不要每次看到我就逼我喝酒了。"

另一个例子，凯文的朋友向他解释说，如果想要保持身材的话，喝果汁比喝可乐更好。他认为喝果汁的时候不用有负罪感，因为果汁里只含有天然成分，不像碳酸饮料，全都是各种各样的化学物质。然而，凯文不这么认为："我不同意你的观点。如果要保持身材，无论是喝果汁还是喝可乐都不好，即使果汁里只含天然糖分。"

在刚才的例子中，露西和凯文都反驳了对方。对很多人而言，"反驳"就是简单地"说相反的话"：如果你说白，反驳你的人就会说黑；如果你认为恐龙存在过，反驳你的人就会说恐龙没有存在过。不过，在这本书里，我要扩大"反驳"这个动词的含义：所谓反驳，无须完完全全反着说，我们可以只是简单地表达一个不同的立场。

如果索菲告诉我们："最好的巧克力是牛奶巧克力。"一种反驳的方式是："你错了，最好的巧克力是白巧克力！"或者说："我认为，最好的巧克力是黑巧克力。"需要注意的重要一点就是，像露西和凯文一样只是简单地表达一个相反的立场并不能推进辩论的深入。当然，它也不会让辩论回到之前的样子。简而言之，辩论就此停滞不前。

出于对亲人的爱

无论据反驳是我们和家人或朋友之间常常使用的一种反驳形式。观点不同的那个人并不想冒险瞄中标靶的外环：他本能地认为这不利于维护双方的信任关系。所以，虽然你不会和家人朋友就所有的事情达成一致，但是出于尊重，你会避免对他们进行形式和个人的攻击。即使你姨妈最喜欢的花裙子不符合你的品味，你也不会直接告诉她，因为你不想开启一场让自己尴尬的辩论。

这种克制现象非常有趣。当我们想反驳我们在意的人时，我们轻而易举就能知道格雷厄姆标靶的外圈 4 环是不妥当的。都不用别人告诉我们该怎么做，我们就会本能地选择瞄中更靠近靶心的位置。但是如果对方是一个毫无特殊情感关系的陌生人，或者是一个我们不太喜欢的人，不论是出于什么原因，就算瞄中外环似乎也不会造成什么问题时，我们还会直截了当告诉对方："你这一身太难看了，最好去重新熨一熨衬衫。"

我认为，这些是交谈走向失控的重要原因：缺少友善和同理心，也不去考虑不熟悉的人的感受。在那些进展不顺利的讨

🐱 昆虫不会感到痛苦

在社会心理学领域，非人化是指下面的这种心理过程：个体或者群体在思想和行动上将他人视作比人类低等的群体。对他人非人化，就是给各式各样的恶习敞开了大门。非人化心理越强烈，造成的后果就越深重，甚至会造成物理上的灭绝，而我们却并不会为此感到不适。然而，如果一位亲人遭到同样的对待，我们立刻就会反抗。

论中，表达反驳的人往往没有把对方当作一个拥有感情和善意的人。在最极端的情况里，我们有时候甚至会把对方妖魔化，从而忘记了辩论的内容，唯一的目的变成了用尽一切办法战胜这个和自己观点不同的人。

当我们和他人交流的时候，我们要尽可能把对面的人当作朋友，即使我们不认识他，或者他对你表现得恶意满满。想象一下你们在新年之际碰杯、一起修剪花园或者一起打游戏的场景。试着将你自己放在他的位置上，你就会发现，这个同样拥有情感的人和你一样都迷失在这个偌大的世界里，他也在寻找着答案。在按下键盘上的回车键，发送一条反驳的言论之前，你先问问你自己："我敢不敢把这个内容发给我最好的朋友，或者发给我的父母呢？"

　　如果答案是否定的，那么很有可能你这条消息瞄中了那条将格雷厄姆标靶分成可以接受的和不可以接受的红圈的错误一侧。无论如何，如果你想进行一场深入有趣的交谈，你就不能只局限于表达一个和对方相反的立场。跳到黄色圆环，阐释你的立场。也就是说，完善一下你的论据，同时也帮助他人完善一下他们的论据吧！

有论据反驳

CROQUINOU牌的炸肉饼最好吃，因为这个牌子的东西都是纯天然的！！

你搞错了，最好吃的炸肉饼是GRIBOUILLE牌！这个牌子性价比最高。

带着论据进行反驳，这是第一种可以推进辩论的反驳方式。

论据在前！

举一个例子，盖尔和莱西蒂亚这两个网友并不认识，但是她们都看过最新一季《权力的游戏》。盖尔在社交网络上这么写道："这一季太让人失望了！和前几季相比，不仅节奏变慢了，情节也毫无意义，大量细节没有交代清楚，忽略了很多人物的经历和性格。拍摄手法太粗糙了，我根本无法代入其中。比如说，第三集的画面实在是太暗了，暗得让人不吐不快。作为粉丝，我们值得更好的作品。"然而，莱西蒂亚对此表示不同意。她很喜欢最新一季，她反驳道："我不同意你的观点。第八季精妙绝伦，近乎完美。这一季里不只是一到两个，可以说好几个片段都能被奉为经典。这些片段融合了戏剧性和暴力性，让我们从中感受到了强烈的情感。无论是远景还是近景的拍摄，都无可比拟。第八季完美收官，堪称史上最好的电视剧。"

这里，我们看到两个完全不同但都有理有据的观点。盖尔和莱西蒂亚并不仅仅是在针锋相对，两个人都给出了她们所处各自立场的理由。这就很好，不过依然存在有待改进的地方，这一点等我们离格雷厄姆标靶的靶心更近一步时再说吧。

牢固立场

　　现在我们回到上一章凯文的例子。他的朋友声称喝果汁就不会为保持身材产生负罪感，对此，凯文说道："我不同意你的观点。如果要保持身材，无论是喝果汁还是喝可乐都不好，即使果汁里只含天然糖分。"不是我对凯文过于严苛，我只是遗憾他没有拿出任何理由来论证他的观点。如果他想要将自己的辩论准星从标靶的橙色圆环进到黄色圆环，那么我们就要帮他牢固一下立场，比如他可以这么说："我不同意你的观点。如果要保持身材，无论是喝果汁还是喝可乐都不好。因为一杯果汁和一杯可乐含的糖一样多，甚至更多！"或者："如果要保持身材，无论是喝果汁还是喝可乐都不好。因为人体根本分不出天然糖和精制糖，两者都一样。"我们还可以综合这两个论据，让观点更为扎实："我不同意你的观点。如果要保持身材，无论是喝果汁还是喝可乐都不好。因为这两种饮料的含糖量相同，而且人体根本分不出天然糖和精制糖，两者都一样。"

　　一杯果汁的含糖量确实和一杯可乐一样，这是一个确凿的事实：你只需要比较一下两者的标签就知道了。100 毫升的饮料含糖量几乎一样，大约都是 10 克。剩下的就是人体是否以同样的方式来吸收天然糖和可乐里的精制糖了。由于没有时间，也没有太大的兴趣，我就不去深入钻研这个主题了，我选择相信专家，比如营养学家卡特琳娜·勒夫布维尔[1]。她告诉我们："餐桌糖和精制糖都是由 50% 的果糖和 50% 的葡萄糖构成的。天然糖，比如蜂蜜和槭糖汁，由比例不同的果糖、葡萄糖和一部分水构成。因此，同样一份数量，天然糖的含糖量比餐桌糖要少[2]。然而，天然糖包含的果糖和葡萄糖以同样的方式被身体代谢。"她补充说："葡萄糖经过血液循环，会升高血液里的糖分。过度食用的话，葡萄糖会以脂肪或者糖原的形式储存。"然而，"果糖绕过了血液循环，直接进入肝脏。过量食用的情况下，果糖会比葡萄糖更快地转化为脂肪"。她的建议如下："需要引以为鉴的就是减少糖的总摄入量。以上。"

请注意，如果凯文的朋友这么反驳："但至少，喝果汁的时候，你还能摄入矿物质和维生素，可乐可没有这些啊！"那他只是白费力气。问题不在于他说的这句话一点道理也没有，而是他转移了最开始讨论的话题，就算果汁里含有维生素，也不会有助于深入最开始关于喝什么不利于保持身材的辩论。凯文的朋友看到辩论的趋势将对自己不利，就试着悄悄转移话题，而不承认是自己张冠李戴或者夸大其词。如果他最开始说的是下面这句话，那么事情就会截然不同："如果要喝一款含

1　2005 年毕业于加拿大蒙特利尔大学营养学系，著有《糖的真相与影响》（*Sucre, vérités et conséquences*）。——译者注

2　如果我们把蜂蜜或者槭糖汁的水分蒸干，它们的含糖量和餐桌糖一样。——作者注

糖的饮料，那么最好是喝果汁。"这样，果汁里含有矿物质和维生素这个点就把果汁和可乐区分开来了。

学会瞄得更准

现在尝试让吉拉尔的女儿露西的辩论准星从标靶上的橙色圆环来到黄色圆环。吉拉尔坚信喝酒对身体有好处。她的女儿不同意，但也只是简单地反驳他，声称酒精对身体不好，却没有解释原因："你所谓的喝酒对身体有好处根本没有道理，我才不相信。"她如果这样说会更好："你所谓的喝酒对身体有好处根本没有道理，我才不相信。国际癌症研究机构 [1] 已经把酒精列入 1 类致癌物，也就是说，人类已经确定酒精这种物质会诱发癌症。爸爸，我很担心你的健康。我希望你能少喝点酒。"

在古代，人们认为适度饮酒有益身体健康。很长一段时间里，酒被视作比水更卫生的饮料，但这是因为当时的水并不都能直接饮用，而且没有达到当今各国严格要求的卫生标准。现在我们知道饮用酒类，无论是葡萄酒、啤酒还是烈酒，都会有致癌的风险，而且喝得越多，致癌的概率就越高。这种因果关系已经在 7 种不同的癌症上得到证实，比如口腔癌、咽喉癌和

1　简称CIRC，一个国际政府间组织，由世界卫生组织成立于1965年。——作者注

肝癌。国际癌症研究机构表示，在法国，饮酒是继吸烟后第二大的致癌原因。此外，葡萄酒对心血管系统的保护作用并没有达成科学共识。科学家只认同一件事：如果这种保护作用真的存在，那也非常微弱，考虑到喝酒引发的致癌风险，这一点不能构成喝酒的正当理由。你想保护自己的心脏吗？把酒放回酒窖里，穿上你的运动鞋，出门跑个几千米。

我们知道，在法国平均每人每周喝 1 瓶酒，这离世界纪录不远了，为此我们有必要感到担忧。这是一个严重的健康问题，但是相比起这个而言，法国人对下面的事情更为上心：食物里的农药残留物和男女老少持续暴露在手机无线电波中而引发的健康风险。以当前的认知而言，它们的健康风险仍然非常微弱。今天，我们的恐惧和现实之间的脱节导致了一些荒诞的现象，比如葡萄酒的瓶身贴着保证"零农药残留"的标志。葡萄酒产品本身是致癌的，但是请您放心，我们已经为您去除了致癌率极低的农药残留，免得回头得了癌症您认为是和这些农药残留有关。

糟糕的优先级

还有一件荒诞的事情：有些抽烟的人竟然义正词严地反对手机辐射和增设基站，说是为了保护自己和亲人免受无线电的有害影响。与此同时，他们却弱化一手烟和二手烟带来的危害，哪怕近几十年里已经有无数资料证明了这一点。我们的恐惧是否与我们在日常生活中经历的真实的危险一致呢？答案往往都是否定的。酒精、癌症、无线电、杀虫剂，每个主题都值得专门写一本书讨论。

🐱 关于"电磁波敏感症"患者

有人声称自己患有"电磁波敏感症"，意思是当他们暴露在射频[1]波段下，就会表现出不同程度的功能性症状。他们声称自己对电磁场极度敏感，即使在电磁场低于安全强度限值的情况下，也会有不同程度的强烈反应。通常来说，当电磁场高于安全强度限值时，人体会产生热效应，因而在规定电磁场的公众暴露限值时，就已经考虑了安全强度。尽管这些人的症状真实存在，但很多研究指出这些人无法分清真正的电磁场和伪装的电磁场。对个别研究参与者而言，即使暴露在伪装的电磁场域里，他们也会产生强烈的症状。

这些所谓电磁波敏感症患者感受的痛苦真切存在。但是，现阶段而言，其原因不能归咎于电磁波。或许另有其他原因，

. . .

---

1 射频（通常简称 RF），指电磁频率，频率范围在 3kHz—300GHz 之间，包括手机、无线网络、广播播放使用的频率。——作者注

. . .

也许是心身方面的（这一结论被电磁波敏感症患者强烈反对）。2014 年初，埃松[1] 总议会为电磁波敏感症患者提供了一笔财政资助，用来让他们购买所谓的对抗电磁波的设备，以便解决他们的难题。2014 年 5 月 5 日，法国国立医学科学院回应称："我们有责任提醒公众及各个阶层的决策者鼓励这些无用且昂贵的政策，公开支持售卖用来防射频波的设备会带来的风险，更何况科学界已经证实射频波在规定的使用条件下是没有危害的。"他们还补充说，"任何规范都阻止不了精明的商人开拓这个市场，特别是当市场上充斥着媒体疯狂散布的焦虑与担忧，这些产品面向的群体又非常脆弱时，这个市场只会更加繁荣。"最后他们说道，"国立医学科学院感到惋惜：媒体大肆宣传这个毫无科学依据、对医学没有任何推动作用、完全闭门造车式的行政决定，这样只会加剧这些群体的困扰，并且引发其他类似情况的出现。"

2018 年，世界卫生组织宣称："近 20 年里，为了确定手机是否会对健康产生潜在的风险 [科学家] 进行了大量研究。直到今天，尚未发现使用手机对健康造成的不良影响。"

也就是说，暴露在现代设备的电磁辐射下的长期影响仍然不为人所知。在没有证据的情况下，没有理由因为担忧而禁止使用手机或者反对研发使用射频波的新科技。如果我们

---

1 埃松省（Essonne）是法国一个省份，属于法兰西岛大区。——译者注

．．．

以这些作为理由，比如尚未被发现的长期的影响，或者有人控告手机等科技让他们不舒服，然而他们除了个人感受（类似于："我发誓，一远离那个东西，我就感觉好多了！"），又没有别的证据，从而禁止使用手机等科技产品与相关技术，那么结果将会是社会迅速倒退，我们会回到前工业时代，而这一切毫无意义。尚未被发现的影响并不等于有害的影响。

　　如果你同意没有必要全面禁止手机，而是有限度地使用"以备不时之需"，那么你有权自行决定是否不再使用设备或者不再住在基站附近。相反，把自己的过度谨慎强加给他人，或者宣传有关这些设备危害的假消息，都是不道德的！

就一个次要观点或者
一句话进行反驳

*关于用酒烹饪的好
处的长篇报告*

在你的报告中，你提到用酒烹饪的
食物里已经不含酒精了，因为酒精
的沸点很低，会在烹饪过程中快速
蒸发。但这个说法是错误的，研究
表明在烹饪1小时后仍然有25%
的酒精存在，2小时后仍然有10%。

研究链接

格雷厄姆标靶的靶心就在眼前，下面要开始谈论严肃的事情了。在上一章介绍的黄色圆环里，我们所采取的行为已经非常好了，值得被点赞：表达相反的立场并且用论据予以牢固，以此表达反驳意见。唯一的问题是，这样的交谈有点自说自话。莱西蒂亚和盖尔就是一个典型的例子：她们对《权力的游戏》第八季观点不同，每个人都在重复自己的论据，而没有真正关心对方讲了什么。

这不是一场人气比赛

在本章的圆环里，我们不会简单地向对方表达一个相反的立场并予以论证来表达反驳。我们会倾听对方说了什么，而且是用心倾听，而后直接围绕他的至少一个论据正面进行反驳，目的就是为了指出他论据中存在的错误。现在，你可能觉得我这么说攻击性有点强。我的确说的是攻击对方的某一个言论，但是我所强调的是"实质内容"：我没有攻击对方个人，也没有攻击其内容的形式。你可能要问：我们不能停在橙色圆环里吗？不能每个人以自己的方式表达他所相信的内容，以及让他产生这种观点的理由，而不去攻击对方的言论吗？我们可以让其他目睹这一幕的旁观者根据自己认为更有说服力的论据自由选择阵营。回答是"不能"，因为我们的目的不是尽可能地不去得罪别人，然后各说各话，更不是为了赢得一场人气比赛。

我们的首要目的是探寻世界的真相，去看到世界本来的样子，包括它丑陋的一面。哪怕会冒犯、伤害、攻击到一些人的个人信仰（包括我们自身的信仰），我们都要竭尽全力去判定谁是对的，谁是错的，努力去分辨是非。当然，这一切要在彼此尊重、友善成熟的基础上，以避免造成无谓的伤害。但是，不能因为害怕伤害到某个人就停止我们追寻真相的脚步。

写下这些文字的时候，我想到了动物实验。最近十几年里，我很少吃肉，我希望尽可能减少动物受到的伤害，但这一切都是徒劳的，因为我同意在没有其他可行的替代方案的情况下，拿动物做实验来推动科学进步[1]。你有权利不把探寻世界的真相作为你的首要目标，或者说对真相的探索不能凌驾于你的道德价值观之上，比如说，你可以不同意拿动物做实验去探求世界的真相。假使你把探求真相作为生命中的次要目的，我也并不会就此判定你是一个好人还是坏人，只是说你和我的首要目标不同而已。

就算你和我一样，生活中的主要目标之一是了解事物的本质，去理解、探索、发现这个世界，那你也要明白：有时候牺

1　我并不总是持有这个观点，很长时间里我也一直犹豫不决。——作者注

牲是在所难免的。不入虎穴，焉得虎子。在探索真相的过程中，过于小心翼翼，害怕伤害对方，可能适得其反，也会眼睁睁看着真理离你而去。

瞄中格雷厄姆标靶的黄绿色区域主要有两步：

1. 引用对方说的话，这个选择可以相对随机（但是当我们真的想要射中靶心的时候，这个选择就要慎重了）。

2. 指出错误之处，并且列出我们认为错误的一个或多个原因。也就是说，你要反驳你亲自随机挑选出来的对方说过的一个观点。

电磁波敏感症案例

让我们回到电磁波敏感症患者的案例，并通过这个例子来深入分析如何进行反驳。电磁波敏感症患者当然有论据证明他们不舒服的原因是无线电波而非心身因素。就像我之前采取的做法，引用世界卫生组织或者法国国立医学科学院的观点，目的是为了牢固立场，即电磁波敏感症患者不舒服的原因并不能归咎于无线电波。但是如果想更好地探究背后的真相，还要深挖电磁波敏感症患者自身提出的论据。

在法国支持电磁波敏感症患者的协会组织建立的electrosensible.org网站上，我们可以读到一篇关于该问题的综述文章。其中说的第一件事就是世界卫生组织前总干事，挪威人格罗·哈莱姆·布伦特兰（Gro Harlem Brundtland），她能够感知几米以外的手机是否开机。很震惊吧？但是，这是真的吗？网上可以找到她在 2000 年前后的采访，在采访中，她声称自己对手机的无线电波很敏感，会因此感到不舒服，手机只要距离她 4 米以内，她的电磁波敏感症就会加剧，从而感知到手机的存在。此外，她还声称进行了大量测试，测试中其他人藏起手机来到她的办公室，不告诉她手机是否开机，但是只要手机开机，她就会有所反应[1]。

　　然而，在 2012 年一篇引人注意的文章中，记者托马斯·艾格（Tomas Ergo）表示，这名前总干事的情况依然成谜，因为格罗·哈莱姆·布伦特兰的测试从来不是以独立的方式进行，而且她还拒绝了研究人员提出的这类请求。2013 年，托马斯·艾格引用了挪威卫生部部长约纳斯·加尔·斯特勒（Jonas Gahr Støre）的话。后者曾表示："我不想就电磁波敏感症患者困扰的身心原因表态。无论如何，目前而言，我能说的是，格罗·哈莱姆·布伦特兰不仅经常用手机，还会上网，一点也没有因此难受的感觉。"总之，格罗·哈莱姆·布伦特兰当年声称自己因暴露在无线电波中感到不舒服，又拒绝进行独立测试，

---

[1] 有意思的是，这并不能排除当手机关机的时候，她也会有所反应。我们对此不得而知，视频中她只是强调说："在测试中，我总是对开着的手机有所反应。"——作者注

几年以后，她似乎不再为此感到不适，也不想再多谈论这个话题。唉，她的例子不过是其他上百个甚至上千个在今天自我诊断为电磁波敏感症的患者中的一个，或许有一天他们会意识到自己的痛苦和无线电波一点关系也没有。

electrosensible.org 没有提到记者托马斯·艾格，但是在格罗·哈莱姆·布伦特兰的简历上花了很多篇幅：这位世界卫生组织前总干事是一位一流的政治家，她曾多次当选挪威首相，还是可持续发展概念的发起人。然而，这些对于我们深入研究她在 2000 年前后发表的言论并没有帮助。一位一流的政治家，即使充满善意，也会犯错，也会将自己身上的症状归咎于一个错误的原因。睿智杰出的人犯错，这种情况……一直都有。总之，我们对格罗·哈莱姆·布伦特兰在 2000 年前后能够感知几米以外隐藏起来的手机是否开机一事及暴露在手机电波中是让她感到痛苦的原因之一依然存在疑虑。

为了深挖 electrosensible.org 上的这一点，我不得不花一整个下午的时间去阅读、思考网上关于这位女士的资料，包括机器自动翻译的一些挪威语访谈。想要瞄中标靶的黄绿色部分非常耗时。无论立场的内容是什么，巩固立场都需要一定的研究分析。竭尽全力围绕对方阵营的一个论据进行有效反驳则需要更多的时间和精力。这也是为什么很多人只局限于无论据反驳，或者直接转向辱骂、攻击对方或者攻击形式，而不是侧重于对方的言论本身：因为前者不需要花费太多研究的时间，而且每个人都可以做到，哪怕完全不理解对方说了什么。可是，那样的行为对我们探求真相没有一丁点推动作用，更糟糕的是，它还会让我们离真相更远。

帮助他人，即使观点不一致

就算我们花时间认真做事，也要牢记一点，我们去论证对方话语或观点中的错误可能会是无效的。我们很容易用一个错误的说理方式去论证某个人在某件事上做得不对。尽管这种情况没有辱骂和攻击来得频繁，但也会发生，并且会激怒因你这个糟糕论证而深受其害的人。

我们之前看到，做到无可指摘（或者是在任何情况下，尝试更好地辩论，尽可能地少犯错误）还不够。一个优秀的批判性思考者应该帮助他人更好地脱离困境，而不是仅仅让自己不断提升。具体来说，就是帮助他人提高能力，巩固他人的论点，想出比现在更好、更难被推翻的论据。即使对方的立场让你不爽！

如果我的对手提出的观点是"比利时人浑身上下臭气熏天"，还举了几个令人讨厌的比利时人为例，比如恋童癖马克·杜特鲁（Marc Dutroux）[1]，显然，作为比利时人，我不会喜欢这个论据。但作为一个具有批判性思维的人，我有义务帮助对方牢固他的立场，比如建议他提出更合适的论证内容，像是我们灾难性的殖民历史[2]，在我看来，这就是一个很好的例子用来佐证他对比利时人的谴责，而不是随便选几个可恶的比利时人。以有效的方式巩固对方的论点和正确地推翻对方的论点一样困难。出于这个原因，包括我在内，很少有人会这么做。

最后一点，如果你在进行长篇演讲的时候，有个人想要反驳你的观点或者言论，一定要张开双臂欢迎他，即使他的攻击最开始是无效的。不要把他对你言语的攻击和他对你个人的攻击混为一谈。对于游走在标靶红色圆圈内的对手，我们都要表示祝贺！

1　杜特鲁在1995—1996年性侵了6名年龄分布在9—18岁的女性儿童／青少年，其中4人被他杀害。——译者注

2　我建议那些对比利时殖民史感兴趣的人去You Tube频道 Horror Humanum Est 上观看第12集《橡胶的小手》（"Les petites mains du cavutchouc"）。敏感者慎入。——作者注

确定中心论点并反驳

总之，你告诉我们
$(a+b)^2 = a^3 + 2ab$。
但是，你得出该结论的
两个主要步骤都是错误
的，我来指给你看。

不管对方的中心论点是什么，比起反驳对方的任意一个词、一句话、一个观点，我们还可以做得更好，因为这种反驳方式就算能削弱对方的中心论点，但还不足以将之击垮。现在需要确定对方的中心论点，并制订行动计划来予以拆解。其实通常没有必要反驳对方的每一句话，击垮他的中心论点所依靠的一个或多个核心论据往往正合适。

格雷厄姆标靶的靶心

瞄中标靶的绿色中心分为两步。

首先，简明扼要地概括对方的中心论点。能引用他说的几句话就更好了。然后，列出对方几个致命的弱点，并据此反驳对方的中心论点。

第一步和第二步一样棘手。大部分情况下，我们以为已经找到了对方的中心论点，但是不知道找的对不对。如果我们兴高采烈地对这个论点进行反驳，结果它并非对方所表达的意思，那么我们就有可能被当作白痴或者歪曲事实的人，在本书的第二部分我们会再谈到这个严重的错误。

为了确保你瞄准了正确的论点，你可以把你所总结的论点拿给对手看，让他也参与其中。对方往往会很乐于看到你对他说的话感兴趣，也会乐于帮助你一起进行总结。一旦他确认你完全理解了他的信息和论据，你就可以开始第二步了。如果你的反驳是令人信服的，而且你是在对方的帮助之下正确理解了他的中心论点，那么你的对手大概率会动摇，甚至承认他最开始的说理部分存在问题。完胜！

理查德·道金斯

理查德·道金斯，进化论生物学家、传播者、理论家，也是当今世界上最知名的英国学者之一。他因于 1976 年出版《自私的基因》一书而成名。书中他科普了以基因为核心的进化论思想，并引入了"模因"（meme）[1] 概念。2006 年他出版了《上帝的迷思》，英文原版已卖出 200 余万册，并被翻译成 30 多种语言[2]。在《上帝的迷思》中，他主要想告诉读者的是："一个人狂热，我们称之为疯魔。一群人狂热，我们称之为宗教。"

美国基督教哲学家阿尔文·普兰丁格（Alvin Plantinga）不同意这本书的观点，对书中的中心论点表达了反驳："你在书中真正想要告诉我们的是，可能不存在超自然造物主。这样的造物主会非常复杂，而越复杂的事情，越不可能存在。然而，神

1　一个模因是指主要通过模仿而非基因方式传播的一个文化元素。比如：巴黎市中心房屋屋顶的形状和外观、中学生说的一个笑话或者一支舞蹈。——作者注

2　英文原版标题为 *The God Delusion*，法文版本标题为 *Pour en finir avec Dieu*。——作者注

学家已经证明上帝并不复杂，而是一个非常简单的实体。此外，在你看来，如果一个东西并非由一堆元素随机构成，那么这个东西就是复杂的。但是上帝是一种精神。他没有任何物质材料，也没有任何构成元素。你在书里对复杂的定义并不适用于上帝。"

请注意阿尔文·普兰丁格是如何表达反驳的：他的第一段话主要是确定并简要总结了道金斯的中心论点，然后在第二段话中予以反驳。这里，阿尔文·普兰丁格做出了一个瞄中标靶靶心的杰出示范。

代际冲突

另外一个正中靶心的例子：

"爷爷，如果我没有理解错你的意思，你天天说现在的年轻人没有教养，游手好闲，生活在及时享乐的世界里，只知道考虑自己。你还这么写道：'今天，孩子王的文化占据了这个世界，造就了一代利己主义者，他们觉得全世界应该围绕他们的诉求和他们的快乐而转。'有趣的是，在古代、中世纪、文艺复兴时期，相似的言论已经在欧洲盛行。你的立场实际上反映了一个众所周知的社会学现象：随着一代人逐渐变老，接近退休年龄，他们中的一部分人就会讨厌要替代他们的年轻一代，并且指责年轻一代的种种性格特征，而这些特征也曾是他们那一代人身上的一部分。"

那些自称的怀疑论者也常常无法瞄中靶心，甚至落到红色圆圈之外。我有时也这样，我并没有以此为傲。如果你打算在今后的辩论中使用格雷厄姆标靶，万一出现了落到外环导致猫咪丧命的情况，也不要对自己太严苛。

这个世界不是完美无缺的。你只需要承认自己的失误，保证下一次做得更好。同时，无论是你还是你的对手，都要记住，只有瞄中离靶心最近的位置才真正算数。

🐱 你掌握格雷厄姆标靶了吗？来做个测试吧！

近日来公司旗舰产品的销量一直低迷，一家销售电子产品的公司的副总裁向她的区域团队介绍她的新计划，以改变现状。副总裁的介绍结束后，大家礼貌地鼓掌，没有人提出问题，副总裁便返回总部。然而，在她离开后，大家开始七嘴八舌议论纷纷。

读一读下面每个人的反应，试着把它们放到格雷厄姆标靶对应的圆环上。

A　该死! 她的口气也太傲慢了! 　　　　○○○○○○○○○

B　她说销量不行是因为我们没有找到正确的顾客群体。然而
不是这样的, 一切只是因为现在的竞争比以前更加激烈!

C　我觉得她的计划很有野心, 确实该有人站出来想想办法了!

○○○○○○○○○

D　嘿, 你昨天看没看法国电视一台的电影? 结尾特别感人, 我
整个晚上都念念不忘! 　　　　○○○○○○○○○

E　副总裁的策略根本不会奏效! 　　　　○○○○○○○○○

F　过去让女人待在家里照顾孩子——她们做得非常好——而
我们男人负责其他事情并非没有道理。我觉得让一个女人
来当副总裁是个错误。 　　　　○○○○○○○○○

G　这个副总裁就和她的计划一样白痴透顶! 我们有没有搞错顾
客群体根本无关紧要。她的计划的问题在于, 她希望我们
运用在城市消费者那里成功了的做法, 然而那些做法对我
们这里的农村消费者根本行不通, 因为这里的人通过其他
更为传统的渠道获取信息。 　　　　○○○○○○○○○

改正

A **该死！她的口气也太傲慢了！**　○○○●○○○○

这里是对言论形式的攻击。副总裁的口气可能有点傲慢，但是在她离开后当众指出这一点，除了降低她的威信，毫无其他作用，他甚至根本没有关心她要表达的实质信息。一只猫咪丧命。

B **她说销量不行是因为我们没有找到正确的顾客群体。然而不是这样的，一切只是因为现在的竞争比以前更加激烈！**

这次引用了副总裁的话……然后再反驳。虽然我们没有正中靶心，但是很接近了。这里，这个人反驳了她的次要论点，已经很棒了！　○○○○○○○●●○

C **我觉得她的计划很有野心，确实该有人站出来想想办法了！**

○○○○○○○○○

在这个例子中，这个人表达了他"赞同"副总裁的观点。格雷厄姆标靶只涉及反驳，所以无法把这个人放在标靶里。当然有可能设计一个格雷厄姆标靶的补充标靶，用来指代表达赞同他人意见的不同等级，如果在这种情况下，这里就是无论据赞同，但就我目前的思考而言，我对补充标靶没有太大的兴趣。

D 嘿，你昨天看没看法国电视一台的电影？结尾特别感人，
我整个晚上都念念不忘！　○○○○○○○○○

这显然和副总裁本人或者她的讲话毫无关系。

E 副总裁的策略根本不会奏效！　○○○○○●○○○

无论据反驳。虽然我们停滞不前，但至少在此期间，不会
有猫咪受到伤害。

F 过去让女人待在家里照顾孩子——她们做得非常好——而
我们男人负责其他事情并非没有道理。我觉得让一个女人
来当副总裁是个错误。　○○●○○○○○○

攻击对方个人。我们不在乎副总裁是女人、男人还是猫咪。我
们要关注的是她说的话，而不是她的性别或者她的穿着。☠

G 这个副总裁就和她的计划一样白痴透顶！我们有没有搞错
顾客群体根本无关紧要。她的计划的问题在于，她希望我
们运用已经在城市消费者那里成功了的做法，然而那些做
法对于我们这里的农村消费者根本行不通，因为这里的人
通过其他更为传统的渠道获取信息。　○●○○○○○○●

这个例子有点困难，因为我们需要把信息分解成两部分。
第一部分是明显的辱骂，然而第二部分正中靶心，确定副
总裁的中心论点，并且予以反驳。如果你正确地完成了第一
个分解步骤，那你太棒了！除了第一句话，记住剩下回应的
内容。当我们与他人交谈时，记住对方最好的论据，原谅
其他糟糕的论据。

标靶的来源

在继续这场关于"反驳的艺术"的旅行前，让我们先回到标靶的来源。

如何反驳？

2008 年 3 月，硅谷传奇程序员保罗·格雷厄姆在博客上发表了一篇题为《如何反驳》[1]的文章。在文章中，他按照金字塔等级列举了表达反驳的不同方式。他解释称，金字塔的形状反映了网上不同反驳方式的使用频率。他认为，位于金字塔最底端的辱骂是网上使用最频繁的反驳方式。

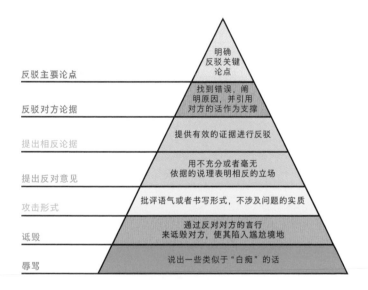

1 参见 http://www.paulgraham.com/disagree.html。——作者注

10 年后，他的金字塔变成了一个广为传播的参照物，被那些提倡批判性思维、鼓励高质量辩论的人广泛使用。然而，2019 年 2 月，克里斯托弗·米歇尔（Christophe Michel）将这个金字塔分享到推特后，网页开发者布鲁诺·J. S. 勒西厄尔（Bruno J. S. Lesieur）回应称："我觉得金字塔这种表现形式容易让人以为下层是上层的基础（比如马斯洛需求层次理论），但其本意并非如此。标靶的表现形式可能会更妥当！"

同一时期，我着手进行新版金字塔绘图，顺便画了一条红色界线，用来区分需要停滞不前的辩论和进展顺利的辩论。尽管它在网上取得了一定成功，但在当时，我依然不是很满意这个版本。

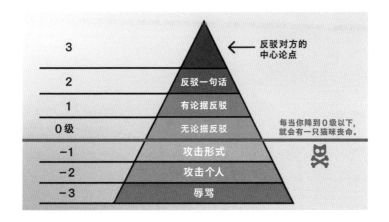

看到布鲁诺·J. S. 勒西厄尔的推特，又在克里斯托弗·米歇尔的启发下（后者也认为标靶的想法要好于金字塔），我设计了本书的主题。不仅形式上有所不同，标靶的最外圈也变成了肢体冲突，这在格雷厄姆的原文中并不存在。有些网友觉得这一补充很好笑，甚至建议增加更多等级，比如：和某个人意见不同的时候，为什么止步于肢体冲突？以下是收到的几条建议：

–5 分：破坏他住的房子。

–6 分：把他生活的城市夷为平地。

–7 分：攻占他生活的国家。

–8 分：毁灭他生活的宇宙。

如果增加了这些圆环，就更容易造成分心。我的目的是把目光集中到标靶的中心，而不是标靶的外环。

关于红圈

保罗·格雷厄姆从未给金字塔填充颜色，我似乎是唯一一个想到这么做的。我对事物的颜色尤其敏感，我特别热衷红色和绿色之间的二元性，它已经深深植入西方文化当中。红色被视作禁止的颜色，绿色让人联想到自然、安全和宁静。最外圈的黑色也不是随便选的。在西方文化里，黑色也被赋予了意义，象征着权力、优雅，特别是……死亡[1]。

在标靶的中间选择用红色分开这一点已经被广为接受，但是该把红圈放到哪里还没有得到一致同意。有人认为应该严格一点，把无论据反驳放在红圈之外。相反，有人认为应该宽松一点，把攻击形式放在红圈之内。有人倾向取消这条线，比如克里斯托弗·米歇尔认为这条区分线改变了保罗·格雷厄姆最初的想法。但在我看来，从攻击形式到肢体冲突的过程中，都会有猫咪丧命。换言之，在辩论中，如果有人瞄中标靶的红色圆圈之外，就需要暂停辩论，重新讨论辩论规则，因为这时候朝标靶最外圈——肢体冲突——演变的风险已经很高了。

1　我推荐阅读米歇尔·帕斯图罗（Michel Pastoureau）的《颜色小书》（*Le Petit Livre des Couleurs*），他在书中描述了颜色的辉煌历史，从 2000 年前古罗马人热衷的鲜红色到今天欧洲随处可见的蓝色。——作者注

第二部分

诡辩术的狂欢节

亲爱的读者们，我有一个坏消息：格雷厄姆标靶很容易被不怀好意的人加以利用。他们只要稍稍对标靶动点歪心思，就能立刻轻轻松松瞄中靶心或者紧邻靶心的位置，而且这个办法屡试不爽。有些人堪称这项技艺的冠军，我们来看一个虚构的例子。

歪曲"实质内容"

随着选举的临近，民粹主义政客梅多尔提出了他最新的执政纲领。小猫菲利克斯一直讨厌这条该死的小狗梅多尔，决定给他制造点麻烦，就在脸书上向全世界发布了下面这段文字："你们读过梅多尔的最新纲领了吗？他在里面说，所有的条纹猫都是恐怖分子！然而，我就认识不是恐怖分子的条纹猫。他这种以偏概全的本领可太厉害了。"从技术上说，这是一个几乎命中格雷厄姆标靶靶心的典型例子。菲利克斯引用了梅多尔的一句话，然后予以反驳。没有辱骂，也没有攻击个人或者攻击形式，甚至不是无论据反驳。

做得不错，菲利克斯。只不过在梅多尔的纲领里并没有"所有的条纹猫都是恐怖分子"这样的内容，连相关的暗示都没有。事实上，菲利克斯根本没有读过梅多尔的纲领。然而，他这条带有谴责意味的信息受到了大量关注，很多网友借此发泄心中的恨意，表扬菲利克斯注意到梅多尔在纲领里写的这段让人咬牙切齿的内容，跳跳虎看完菲利克斯发表的文字后表示："一想到他这么说条纹猫，我就义愤填膺！我希望谁能给他点颜色瞧瞧。"其他稍微友善的网友显然发现了这位饱受指责的政客并没有在其纲领或其他地方说过条纹猫都是恐怖分子。菲利克斯竭尽全力不让这些人出现在大众的视野里，也不让大众听见他们的声音。

想要以不正当的手段强行接近靶心，有一个绝妙的方式就是使用一到多个诡辩术。在这个虚构的例子中，菲利克斯就使用了世上最古老的一种诡辩术——偷换概念。

在古希腊，诡辩家教授雄辩术和说服术。无论是面对集会上的公民，还是审判中的陪审团，又或者仅仅是身边的家人，他们的目的就是不惜一切代价说服听众。诡辩家从来不会被道德、公正或者真理之类所束缚。对他们而言，最重要的是说服力，只有它才能推动说理的发展。他们的理由第一眼看上去结构严密、言之凿凿，但是当我们深入研究他们的论据时，就会发现往往并非如此——这就是诡辩术。起初，这个词还不含贬义，但是随着批评它的人越来越多，情况逐渐发生了变化。[1]

1　柏拉图是历史上著名的诡辩术批评者之一。——作者注

需要记住的一点是，诡辩术是指使用错误的逻辑进行论证。其说理过程看起来很严谨，但事实上根本不成立。请注意，有时候我们会明知故犯。很多心地善良的人也会在日常生活中使用诡辩术，只不过他们没有意识到这一点。然而，长远来看，诡辩术始终是真理的阻碍。无论是使用诡辩术来说服对方相信某件过去已经用正确的论据论证过的东西，还是支持某项正确的事业，显现出负面效果不过是个时间问题。因为诡辩术可以支持这件事，也可以支持这件事的对立面。在生活中，你使用诡辩术来说服对方 A 好而 B 不好，就会面临对方使用诡辩术表示 C 好而 D 不好来对付你的风险。假设正确答案是 D 的话，那你的立场就会很尴尬。如果你纠正对方，那你就不得不承认你所支持的 A 其实也不成立，从而颜面尽失。

无论是支持对的事情还是错的事情，都要尽可能少地使用存在谬误的论证，这样你才有更多机会看到世界本来的面貌、挖掘世界深处的奥秘。一个有效的论证，即使很难让人改变主意，也永远比一个见效快、但是长远来看并不成立的论证更为合适。在本书的后面部分，我们将列举几种最常见的诡辩术，以防今后上当受骗，同时也避免我们自己使用它们。

稻草人论证
或偷换概念

　　几千年以来，人们一直在使用偷换概念诡辩术。所谓偷换概念，是指通过歪曲对方的立场，以便更好地击败对方。这一错误的论证方式也被叫作稻草人论证，取自一个拿稻草人当作对手的作战训练技术。使用这种诡辩术的人不会直面对手，而是先构建一个比对方弱的复制品，再将其击败，最后宣称复制品和对手本人没有任何区别。在最极端的情况下，使用偷换概念的人甚至会通过恐吓、审查甚至暴力来镇压对手的反抗。受害者会否认说："可是，我从来没有这么说过！"然而，偷换概念的人会不怀好意地反驳道："你没有这么说，但你就是这么想的，我只是把你心里想的说了出来而已。"甚至撒谎称："你说过！就是说过！"

　　想要成功地偷换概念，有几种不同的方法，一起来看一看吧。

　　第一种方法是只聚焦对方的一部分论据并进行反驳，却装作反驳了对方的全部论据。这个方法也可以这样描述：我们只瞄中了格雷厄姆标靶靶心的旁边位置，但我们试着让别人相信我们命中了靶心，也就是说，我们试着让别人相信我们反驳的就是对方的中心论点，而不仅仅是随随便便的一句话。

　　第二种情况是将对方的论点扩大至自然边界以外，使其含义更宽泛、更夸张，与此同时，自己立场的边界尽可能地缩小。然后攻击对方那被扩大后的立场或者等待其他同谋为你做这件事。

第三种可能性：像菲利克斯那样，我们提出一个错误的论述并予以反驳，假装这就是对方的原始立场。我们还可以虚构一个能轻轻松松反驳其行为或信仰的人物，并且声称这个人就是我们要批评的那个群体的代表。

偷换概念爱好者

现在来看几个偷换概念的具体例子。

两位国家总统候选人争论不休。第一个人说："如果我当选总统，我会保证让医院获得更多财政支持。"第二个人指责他的对手说："啊！他终于露出真面目了！原来我的对手这么讨厌这个国家，他竟然要缩减军队开支，让我们失去国防！"然而，第一位候选人从未说过他要通过缩减军队开支来资助医院，他也没有说过他讨厌自己的国家或者打算让自己的国家陷入失去国防的困境。

在另一个故事里，一位占星家表示："占星术的反对者认为天体对我们没有影响。那去问问水手，看看月亮对潮汐有没有影响！"占星术的反对者并没有说过天体对万物没有影响，显然也没有说过"月亮对潮汐没有影响"之类的话。

一部只有女性参演的新电影正在热映。看完电影的大卫在推特上发表了下面的评论："电影很糟糕。情节像一个 10 岁小孩写的，布景和特效在技术上已经过时 20 年了，而且女演员们都没有人戏。"他的评论收到了下面这个回应（根据真实的推特文字改编）："真搞笑，就因为这部电影 100% 由女性出演，而大卫，你知道，他不喜欢女性。好吧，厌女真是非常可笑，我是明白为什么他这条垃圾评论还能获得这么多关注了。"大卫的评论关注的是演员的演技及电影的总体水平，并没有提到他对女性的态度。就算他可能是一个厌女者，仅仅从他的这条推文并不足以证明这一点。

诉诸传统

诉诸传统，也叫作历史性论据，其"高大上"的拉丁文写法是 argumentum ad antiquitatem，指根据一种习惯或一个观点的年代性和时间距离来证明它的对错。cortecs.org 总结了它的论证方式：X=b 是一个古老的观念，因此，X=b 是对的。我们很容易就能发现这个论据的局限性，它既可以用来捍卫一件事情，也可以用来捍卫这件事情的对立面。比如，一个人用下面这个论据支持禁酒："几个世纪以来，这个国家都是如此，我不知道为什么要改变。"在另一种情况下，他也可以使用同样的论据，比如说，几个世纪以来，未成年人都能饮酒，他就可以据此来支持未成年人有饮酒的权利。

诉诸传统的几个例子

总统竞选人强调说，在这个国家，婚姻都是在一男一女、异性之间进行的。如果他当选总统，他承诺反对一切变化，以支持这个持续千年的传统。然而，在竞选人的国家，婚姻都是在异性之间进行，并不意味着这种婚姻的专有权就是一个好的观念。在一个虚构的国家，几千年以来，只有同性别的人之间才可以结婚，那么这个国家总统的竞选人就可以使用同样的论据来反对异性之间的婚姻。

如果有公共卫生机构胆敢指出酒精对社会和人类健康的危

害,《法国葡萄酒杂志》(*La Revue du vin de France*, 葡萄酒领域最重要的杂志之一) 的主编德尼·萨韦罗 (Denis Saverot) 就会进行反击。在 2020 年 1 月发表的一篇社论里, 他写道:"我们必须要采取行动了, 停止资助那些宣传我们葡萄酒行业已经没落并且否定我们葡萄酒文化的寄生虫协会。"

　　德尼·萨韦罗也是一位老练的诡辩家。他最近一次使用诉诸传统的诡辩术发生在推特上:"翻开一本医学书, 就会发现: 直到 1914 年, 60% 的药典都是基于酒或酒精。你难道认为两千年来我们的祖先都搞错了吗?"为了指出其论据的错误所在, 我们可以简单地指出奴隶制在很多文明里存在了几个世纪, 甚至几千年之久。今天, 我们生活在一个人权思想已经根深蒂固的时代。不言自明, 废除奴隶制意味着祖先曾经在这个问题上犯过错误。因此, 德尼·萨韦罗应该对古人的医学和药方有所怀疑, 哪怕只是一点点, 都一定能从中发现荒谬之处。直到 1914 年, 60% 的药典都是基于酒或酒精的事实, 并不能成为今天我们喝酒的充分理由。

　　然而, 不要混淆了拒绝诉诸传统和拒绝传统这两件事。有些传统已经有非常好的论据支持, 完全有理由保持。长期以来, 直到今天, 北美洲和中美洲的各美洲原住民族群主要吃玉米和红豆来充饥。一个简单的传统? 如果这样去论证, 无疑很糟糕。相反, 下面这种论证方式就非常好:"通过不断试错,我们的祖先意识到玉米和红豆的搭配可以提供必需的氨基酸摄入量。如果我们改变饮食基础，就需要保证我们不会面临营养不足。我倾向不去冒险尝试，继续我们一贯的做法。"事实上，传统的饮食习惯并不包含肉类，主食通常由几种植物蛋白质组成，大部分都是谷物和蔬菜的搭配，二者可以互相弥补对方一到多个特定氨基酸的不足。这种搭配会根据地理区域有所变化。比如地中海地区是硬粒小麦和鹰嘴豆，北欧是燕麦和青豆，中美洲是玉米和红豆，印度是大米和扁豆。然而，这种搭配已经不太适合现代的饮食结构了，因为动物蛋白质已经过剩（这在人类历史上还是首次）。在今天这个世界，就算放弃谷物和蔬菜的传统搭配，我们也不会缺乏氨基酸。西方现在有一个趋势是少吃肉，甚至是彻底不吃肉，我们可以大胆预测未来几年以这种搭配为基础的饮食会强势回归。

之前之后更好

诉诸传统有一个同样错误的对立面：诉诸新潮，拉丁名为 argumentum ad novitatem，指一个观点或习惯具有新潮的特征就可以保证它的成立。这次的论证方式是：X=b 是一个前所未有的观念，因此，X=b 是对的。在这个现代化社会里，大多数人试图站在科技的最前沿，诉诸新潮变得无比寻常，我们看

🐱 进步和诉诸新潮

正如不要混淆诉诸传统和传统这两件事，也不要混淆诉诸新潮和进步这两件事：我们反对的是那些总是以"这是新潮的"作为唯一的理由来进行论证的人，而不是反对整体的进步。如果和之前的情况相比，一项创新确实可以带来增值，那我们要强调的是这个增值本身。

到太多广告吹嘘最新款手机的功能，事实上与旧款相比它只有细微的变化。还有的时候，一个产品的新版本和之前相比，除了形状和包装外，根本没有其他变化。

我们经常在食品包装上看到"新配方！""新款：更多口味！"或者"改良后的配方！"等字样。但是，一个德国消费者协会[1]花费了几年，有的甚至是十几年的时间，对17个产品进行了跟踪，根据调查显示，大多数时候隐藏在这些标语背后的是产品中昂贵配料的含量减少。比如，果酱的新配方和之前的相比，往往是糖变多了，水果变少了。这些字样就如同烟雾弹，同样的销售价格，质量却没有以前好了。有的生产商偶尔还更大胆，提高价格的同时还贴上"更多口味！"的标签，而它不过意味着质量的下降。在广告里有很多诉诸新潮的例子，

1　参见www.vzhh.de。——作者注

比如："想要减肥，最新的食谱是最好的""自1月1日起，全新的管理！"（常常贴在餐厅、洗车行、电影院的门口）。

在政界，我们也会看到类似的情况。例如，新上任的教育部长几乎都会对教育体系进行改革，并传达出一种观念：他的改革必然充满创新性，可以大幅提高教育系统的效率。事实上，由于一切都被打乱了，最后的结果很可能是情况进一步恶化。

诉诸本土

　　诉诸本土诡辩术指用一个产品地理上的邻近性来证明它的附加值。当前，人类需要共同应对气候变暖，担忧我们共同的未来。在这个背景下，诉诸本土诡辩术尤其难以解释。通常，人们的反应都是："可你不能否认消费本地产品可以减少产品的运输，从而减少二氧化碳的排放量！"通过消费本地产品来减少二氧化碳的排放量，这一点是成立的，所以它并不是诉诸本土的例证。

　　事实上，诉诸本土指的是，为了论证消费本地产品是正确的，不是因为这能减少二氧化碳的排放量，而是因为来自本地的产品就是最好的或者比别的地方要好。这样是不对的，如果有人信以为真，要么就是太天真了，要么就是太自大了！作为比利时人，我对这一点太清楚了：比利时的巧克力很好吃，不过法国、德国、英国或者瑞士的许多巧克力也同样好吃。为了避免诉诸本土的诡辩术，就需要找到一个能抬高本地产品的有效论证，比如说减少二氧化碳的排放量。我们还可以进行盲品测试，来比较本地的草莓和来自世界上其他地方的草莓，试试它们的口感和味道。如果本地草莓脱颖胜出，我们可以说本地草莓更好，这不是由于它是本地的，而是因为人们更喜欢吃它。

异国的水果

诉诸本土也有一个对立面：诉诸异国。正如一个事物和我们的时间距离并不能作为一个能证明其质量或真实性的可靠标准，那么地理和文化上的距离同样也不能。所有的文化都会犯错：玛雅人曾经用活人献祭；印度社会曾按照严格的种姓制度对人进行划分，造成了极度的不平等现象；大男子主义根植于距离我们几千千米外的多个文明之中，等等。我们需要做的是客观地分析每种文化或文明，取其精华，去其糟粕。

然而这并不妨碍诉诸异国被广泛使用。替代医学的医生常常把诉诸异国和诉诸传统结合起来使用。有时，针灸疗法被描述成"一种来自中国传统医学的疗法［诉诸异国］，已经使用了上千年之久［诉诸传统］"。

最让人惊讶的还是，有些人以非常随意的方式，一会儿使用诉诸本土来论证一些事情，一会儿使用诉诸异国来论证另一些事情，只不过他们并没有意识到这一点。

于是就会出现这样的情况："明明可以看我们国家的电影，为什么要看一部美国电影？"［诉诸本土］过了一会："试试这个药！它可是来自东方！"［诉诸异国］为了表现这些话是多么没有意义，来看一看使用诡辩术颠倒后的内容吧："这部电影可不是随便哪个国家拍的，它可是美国电影！"［诉诸异国］然后：

"这可是由布瓦宏实验室研制的本土药。你回头告诉我效果。"

［诉诸本土］

诉诸群众

　　诉诸群众和偷换概念一样有些年头了，鉴于诉诸群众诡辩术非常简单，所以常常被拿来使用。诉诸群众指之所以支持一个立场、一个论点、一种观念或者一种宗教，只是基于一个简单的事实，那就是很多人都支持它。

　　在美国，根据盖洛普[1]的调查，2017 年，30% 的美国成年人拥有枪支，约等于 8000 万美国人。这是一个很大的数字，很多支持美国民众持枪的人经常冒出这样的言论："你懂什么？8000 万美国人不会错的！"

　　在法国，顺势疗法不再报销的决策生效之前，很多主张顺势疗法的人用各种各样的诡辩术支持顺势疗法，试图阻止该决策生效。monhomeomonchoix.fr（不再报销顺势疗法？我们不同意！）主要提出了下面几个论据。

　　1. "世代以来，顺势疗法每天都在你左右，没有任何风险"——第一个论据是诉诸传统。因此不可接受。

　　2. "有 3/4 的法国人使用过顺势疗法"——诉诸群众。

　　3. "顺势疗法作为补充疗法，可以让患者更容易忍受痛苦的治疗。20% 的癌症患者都使用顺势疗法药物来减轻癌症治疗的副作用"——第一句话可以接受，但是还需要深挖信息的真实性；第二句话可以视作补充信息或者诉诸群众。

1　一家以调查为基础的全球绩效管理咨询公司，于1935年由乔治·盖洛普所创立，凭借民意调查而闻名。——译者注

4."超过130万人已经签字对继续报销相关费用表示支持"——很明显的诉诸群众。毫无意义。

5."每个人都可以自由选择经由卫生专业人士开具处方、建议使用的可靠药物。《欧洲患者权利宪章》明文规定了这项选择自由权"——偷换概念！主张不再报销顺势疗法的人并不是要禁止顺势疗法。就算不再报销，患者还是可以选择顺势疗法进行治疗。这仅仅意味着要多花一点钱，或者要求布瓦宏实验室降低利润，让价格保持不变或者微调一点。

诉诸群众还是一种基本的市场营销技巧。例如，为了提高一本书的销量，只需要在书封上贴一张贴纸，强调已经售出了多少多少本。举个例子，医生弗雷德里克·萨尔德曼的《最好的药是你自己！》一书广告上写着"这位医生拥有超过300万读者"。请注意：万一你手中的书籍封面上有一张这样的贴纸，你要知道它可能完全是作者自己一厢情愿的产物！

同理，一部电影上映的时候，为了让你走进电影院，往往强调已经有很多人看过这部电影了，而不是强调说这部电影拍得有多好。下面场景里使用的诉诸群众诡辩术是最没有说服力的："我把我们吵架的事说给亲友听，他们都站在我这边。所以是你的问题，不是我。"甚至是："我在我的推特粉丝里做了一个在线调查。大多数都认为你的基本假设是错的。所以，你要改一改了。"

死　路

为什么在我们追求真理的途中，诉诸群众是一条死路呢？在第一个例子里，从美国持枪者的数据可以推导出 70% 的美国人不持有枪支。如果说 8000 万美国成年人不会有错，那么言下之意是，更多的人，也就是 1 亿多人搞错了！如果要寻找的真相在人数最多的群体中，难道不是深入研究不持有枪支的 1 亿美国人更符合逻辑吗？

同理，当前地球上信徒最多的宗教是基督教。2015 年时，全球共有 24 亿基督徒。然而，在你改变宗教信仰前，同年有 46 亿人不是基督徒。事实上，没有哪个宗教可以说服地球上的大多数人遵守它的教义，唯一可以接受的说法是，大多数人拥有宗教信仰。

就算严格使用诉诸群众诡辩术，即只要存在大多数的情况下，始终站在大多数这一边，这样也不行，因为大多数人也会犯错。就算 3/4 的法国人都说地球是平的，地球也并不会因此就变平。评估一个事物的真实性，仅仅依靠大多数人都予以同意这样一个简单的事实，不仅危险，还经常容易走进死胡同。不要轻易相信有名的、受欢迎的智者，也不要相信只要站在大多数的阵营里就能接近世界的真相。当然，这并不意味着大多数人就绝对错误。如果这么认为，就和相信它的对立面一样误入歧途了。

诉诸自然

2016 年，博主瓦尼·哈莉（Vani Hari）在谈到食品安全时说："如果一个孩子不能说出盘子中这个东西的名字，那么最好把它推开，不要吃这个东西。"

在所有常见的诡辩术中，如果有一个历史最悠久，那就是诉诸自然，我们都可以为它专门写一本书了。诉诸自然在日常生活中无处不在，没有哪一周、哪一天，我们碰不到它。它可以是一则广告，其中大肆吹嘘某个贴着"天然"标签的物品；也可以来自一位亲友对某种药物的善意推荐，因为它有"最为自然的"疗效。诉诸自然指通过自然特征来支持一个物品或一种观点。在最极端的情况下，这种诡辩术贬低被视为非自然的东西，即化学和人工的东西。其逻辑如下：自然的就是好的，N 是自然的，所以 N 是好的；化学的就是不好的，C 是化学的，所以 C 是不好的。比如说，很多崇尚自然的人在标签上看到"天竺葵素 –3– 葡萄糖苷"这个名词时会皱紧眉头。不妨把这个奇怪的名字换成通俗易懂的内容："一种天然红色染料，包括草莓在内的很多水果中都有它"。这样就好了，由此也能看出贬低者对待这些东西的态度是多么肤浅，就像瓦尼·哈莉和她决定是否要推开装满食物的餐盘所采取的办法一样简单粗暴。

至少在比利时，很多人对"自然"和"自然的东西"的理解非常不切实际。还有什么比城市中心、工业区、公路污染更可怕、更让人紧张的呢？很多人怀念不久之前的那个人与自然和谐相处的年代，简单来说就是大部分家庭通过耕作获得需要的食物，几乎可以做到自给自足。然而，和大多数人以为的情况不同，过去人类并没有和自然达到平衡状态：倒是人类和自然在死亡上达到了平衡状态。直到工业革命前，一半的儿童未满 15 岁就去世了。过去未满 15 岁儿童的死亡率确实难以估算，但是，无论研究的是哪个时代或哪种文明，所有的估算都趋近于 50% 的死亡率[1]。相比之下，今天地球上该死亡率大约是 5%。在很多国家，这一数值甚至已经降至 1%，最低的是冰岛，2017 年 15 岁以下的儿童的死亡率仅有 0.29%，而且我们要相信，短中期内这种情况只会越来越好。

1　参见 ourworldindata.org。——作者注

感谢谁呢？

这种令人难以置信的变化及人类平均寿命的爆发式增长应该归因于谁呢？我们自己，以及工业、化学、科学等所有今天让我们感到害怕的东西。污染是一个真真切切存在的问题；我们的化妆品、食物、清洁用品里不全是好的成分；不仅市区令人紧张，自然也同样充满危险（这不是一个我们不再提高食物质量或者让市区不那么紧张的借口）。然而，虽然人类是自然的产物，但是自然没有义务让人类过得舒适、幸福或者保证人类的存活。自然既不好也不坏，它什么也反应不了，什么也评判不了。很多天然产品（比如菌类）都含有有毒成分，有一些甚至会致癌。一个东西是不是天然的，对我们判断它的无害性

很久以后

嘿，你真的打算把药丸也扔了吗？

或者高级性没有任何帮助。很多人一直无法理解这一点，从而导致我们的社会出现了一系列巨大的失败。

我们可以举有机农业为例。有机农业的目的是为了提高我们食物的质量，同时减少对环境的影响。糟糕的是，直到今天，这个目标也没有实现，在我眼里，有机农业就是依托于诉诸自然这个观念的典型。掉进这个陷阱的消费者和农民会告诉你：合成农药不好。为什么呢？因为它们是化学的、人工的。以上。没有什么比天然农药更好。为什么呢？因为它们是天然的。以上。[1]

下面这段文字摘自一个鼓励批判性思维的信息网站 sciencepop.fr："有机农业使用的物质［用来代替合成农药］并非无害，也包含活性药物成分（使用该物质有助于农业）。一个很典型的例子就是鱼藤酮，它是从热带植物里提取的杀虫剂，曾广泛用于法国有机农业，直到 2011 年被欧盟禁止。原因是研究结果表明鱼藤酮会增加老鼠患帕金森病的概率，该情况也可能出现在人类之中。另一个例子是波尔多液，一种硫酸铜和熟石灰的混合物，它会导致土壤的铜堆积，从而使生物圈的毒素增多。"

有机农药不仅对农民的健康和环境存在潜在的危险，有时

1　你以为有机农业就意味着零农药吗？显然不是！当然，这不是说整个种植过程都要用到农药，有些步骤摆脱农药是可能的。——作者注

候还不如合成农药有效，毕竟合成农药是农学和化学工程学进步的产物。讽刺的是，为了在作物保护上取得差不多的效果，我们可能会发现有机农场比传统农场使用更多的农药。就像sciencepop.fr 上写的那样，有机农业的产量平均比传统农业低20% 左右。为了弥补缺口，需要扩大耕作面积，反而增加了人类对环境的影响，与有机农业的目标之一背道而驰。

当然，这并不意味着要放弃有机农业，它的目标是值得称赞的。然而，只要继续以"合成农药是人工的，所以不好"这样的依据在思想上对合成农药进行封杀，就不可能拥有理想的结局。有机农业应该根据性能和环境安全等标准选择最好的农药，并且积极参与化学工程，以便参照这些标准开发更新更好的农药，而不是教条地拒绝被认为是"非天然"的农药。

超道德的自然

诉诸自然，也指通过引用事物的自然秩序来支持自己的道德立场。比如，有些人对你说："我反对同性恋，因为这是不自然的。"又或者："羚羊被狮子逼得筋疲力尽、奄奄一息。但这就是事物的自然秩序，无须改变。"有人引用事物的自然秩序来证明他的道德立场，但当涉及其自身的时候，就拒绝屈从于自然秩序，这一点着实让人惊讶：那些面对捕食者生吞猎物引用自然秩序的人，在面对脚上的鞋子、机动车、中央供暖、冰箱或者阿司匹林等一点也不自然的事物时，却丝毫不受影响。

用诉诸自然来反对同性恋也令人震惊，因为这种现象在自然界无处不在，非常自然而然。加拿大生物学家布鲁斯·贝哲米（Bruce Bagemihl）曾对 1500 种物种的性行为进行了研究，发现其中有 1/3 的物种有同性行为。就连同性伴侣共同抚养后代这种现象在自然界也存在，这在澳大利亚黑天鹅中就非常普遍。所以，如果以"同性恋是不自然的"为由，对同性恋予以攻击是诉诸自然，那么以"同性恋非常合乎自然"为由，支持同性恋同样也是诉诸自然! 事实上，同性恋是否自然根本不重要：围绕一个无法推进相关辩论的主题进行探讨是毫无意义的。

试图让道德价值观和事物的自然秩序保持一致非常荒谬，因为自然界既不是道德的，也不是无关道德的：自然是超道德的。生吞羚羊的狮子对羚羊没有任何善意或恶意，它只是想填饱肚子，就和我们每次想要往盘子里放一块肉一样。不同的是，我们不会指望狮子突然生出一种道德感，放弃捕食动物，寻找其他方式填饱肚子。相反，我们可以这么做，而且我们不应该以狮子不这么做为借口来回避这件事。援引自然来争论好与不好就是一条死路。寻找其他的标准来评估彼此观点的价值吧。

幸存者偏差

书店里随处可见关于个人发展和健康建议的书籍，比如《百万富翁的十个习惯》《记忆天才的七个秘诀》《百岁老人一生食物清单》等。这样的书通常都有一个致命的缺陷：书上列举的可能是那些富有、记忆力好、寿命长的人的特征，却没有告诉我们，贫穷、记忆力不好、40岁便去世的人就不具备这些特征了啊！

那些提出自己独到的疗法来治疗致命疾病的人往往利用了幸存者偏差，只是他们没有意识到（另一方面，有些人完全清楚自己在做什么，故意将他人玩弄于股掌之上）。

大　师

现在让我们披上健康大师的外衣。你"自创"了一套疗法来治疗癌症，不过那建立在禁食和拒绝传统治疗的基础上。如果你大规模地在网上推广你的疗法，那你几乎不会收到病人骂你的信息，表示它根本无效。因为如果病人听了你的疗法战胜了癌症，那他会写下一段感人肺腑的留言，感谢你救了他；如果病人去世了，那他就不再有机会抱怨，也无法警告世人小心你那愚蠢的疗法。想象一下，大约有1万名病人在网上看到了你推广治疗癌症的疗法后决定相信你。可它并不奏效，9900人去世，只有100人幸存。而你这边唯一能知道的，就是有

100人对你的疗法表示肯定，向你表示感谢，支持你继续推广它来拯救更多的人。

介绍这个疗法的视频观看量达到上千甚至上万人，然而事实上发表评论和私信你对该疗法表示肯定的人只有几十个，你会不会为二者之间的差距感到困扰？你不愿承认之所以有这么大的差距，是由于有一大批人已经去世，而你要为这些人的死亡负责，因为他们本可以通过传统的治疗获救，对此你这么解释：

1. 很多病人看完你的疗法介绍后，不敢下决心迈出第一步；

2. 就算这个疗法主要针对病人，但也有很多没生病的人看了你的视频和信息；

3. 在那些下决心采用你的疗法而得救的人里，有很多不好意思给你发消息表示感谢。

虽然我常常以幽默的心态看待网上一些健康大师使用幸存者偏差诡辩术，但我们不能对最终的结果熟视无睹：这些大师每年把成千上万的受害者推向几乎确定无疑的死亡深渊。这很严重。如果你对某些组织或事物感兴趣，但它们因其自身导致了某些事件发生，造成了组织成员的死亡或事物本身的毁灭，那你要小心了：幸存者偏差在暗中窥探你。

让我们假设如下情况。巴黎市中心的一位兽医救治人们送到诊所的猫咪。如果是从高处坠落而受伤的猫咪，兽医会让主人估算坠落的高度，并系统地记录回答。几年后，他发现，尽管巴黎市中心大部分建筑都有七八层楼，但是他救治的猫咪大都是从 3 楼和 4 楼摔下来的，而很少是从更高的楼层摔下来的。因此他得出结论，如果坠落的距离足够，猫咪更有机会抓住什么东西而免于受伤，而根据诊所的治疗记录，对猫咪而言，3 楼和 4 楼是最危险的。兽医的说法可能是对的。然而，还存在另外一种解释：坠落的高度越高，猫咪致死的概率就越大。如果坠落的距离对猫咪而言足够致命了，人们就不太可能把猫咪送到兽医那里了。这也是为什么从高处坠落的猫咪在他的数据库里的数量很少。这就是幸存者偏差：只有从低楼层摔下来且人们认为还可以抢救的猫咪才会被送到诊所。

这个现象和许多人听说过的军事工程师的例子是一个道理。一位工程师负责分析完成任务后成功返航的飞机。他发现返航飞机的翼尖总是损毁最严重的部分。因此他很自然地建议对翼尖进行加固。严重的错误！完成任务返航飞机的损毁部分代表着这部分还可以承受损坏而不至于让飞机坠毁。也就是说，飞机会因其他位置受损，导致无法返航。因此，需要加固的，是除了翼尖的所有地方！当然，如果是下面这种情况，那我们首先要加固的确实是翼尖：执行任务的飞机 100% 成功返航基地（没有任何坠毁）。在这种确定的情况下，除了加固回来后发现的受损部分，确实没有什么其他可做的了。

　　你想要赢得生活吗？你想要拥有爱情吗？你想要变得富有吗？那就不要只听信那些有钱又幸福的人，他们觉得自己是因为这样或那样的原因获得了这一切。他们说的并不一定对，还可能严重搞错了他们成功的原因。不要忘了看看那些没有成功的人，也不要低估了每个人成功路上运气因素的重要性。

白鹳效应

　　白鹳效应是社交网络上最有趣的诡辩术之一，因为它有时会得出很荒诞的结论。白鹳效应指，如果 A 和 B 是相关的，那么 A 一定是 B 的原因。从统计学的角度看，如果两个变量是独立的，则意味着它们独立存在，不存在一个依赖于另一个的情况。比如一个红色骰子和一个蓝色骰子，不管红色骰子掷的结果是什么，都不会影响蓝色骰子掷的结果，反之亦然。你刚刚拿红色骰子掷了 6，现在你准备掷蓝色骰子了吗？你掷蓝色骰子得到 1、2、3、4、5、6 的概率是一样的，每种情况都是1/6，和刚才的红色骰子掷出的结果没有任何关系。在数学意义上，独立性的反面是依赖性，它更难以解释。就好比只有一种方式来收拾房间，却有无数种方式让房间变乱，即只有一种形式的独立性，却有无数种形式的依赖性。在本书中让我们先简单一点，一起来看看一种特殊形式的依赖性：在同一时间，两个变量都是高值或者都是低值。还是拿掷骰子为例，若我们掷两个骰子时，我们总是得到一对相近的结果，比如 2 和 3，4 和 6。那在日常用语里，我们称这两个骰子是正相关或者"两个变量是正相关"。当 A 是高值的时候，B 是低值，当 A 是低值的时候，B 是高值，我们则称 A 和 B 是负相关。然而，在日常交谈中，我们很少去区分正相关和负相关：我们简单地称之为两个变量之间的相关性。需要注意的是，当我们说"A 和 B相关"，和我们说"B 和 A 相关"没有区别（相关的对称属性），以及如果 A 和 B 是独立的，那么它们之间显然就没有相关性（我们称之为不相关）。

举一个简单的现实世界里正相关的例子：找几个人做样本，给他们每人一颗糖，换取他们的体重（变量 A）和身高（变量 B）的信息。你会发现，个子高的人往往体重大，个子矮的人往往体重小。

这个相关性并不是非常完美：存在个子矮但是体重大和个子高但是体重小的情况，不过整体趋势非常明显：体重越大的人，个子越高的概率越大，反之亦然。从科学的角度看，一旦我们得出两个变量 A 和 B 相关，那么下面的步骤就是解释这个事情了。为什么我们会在这两个变量之间发现相关性呢? 多数情况下，我们直接跳到了结论，如果 A 和 B 看起来存在相关性，那是因为 A 是 B 的原因。这就是白鹳效应。然而，事实上，往往会有很多种方式可以解释观察到的相关性。

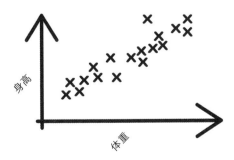

有可能B是A的原因

比如说，我们观察到火灾现场的消防员数量（变量A）和火灾的严重程度（变量B）存在明显的相关性。于是就说，在这种情况下，说A是B的原因，是在暗示消防员现场放火，就好像可怕的《华氏451》[1]中写的那样。消防员越多，火势越猛烈，这无疑非常愚蠢。显然，B才是A的原因：火势越猛烈，赶来的消防员越多。

看到的相关性可能只是偶然

我用电脑模拟投掷1000个完全独立的骰子，每个骰子投掷8次，惊讶的是，我发现有几个骰子呈现出明显的相关性，比如下面这两个骰子：

	214 号骰子	817 号骰子
第 1 次投掷	2	2
第 2 次投掷	1	1

1　美国作家雷·布拉德伯里（Ray Bradbury）所著的反乌托邦小说，于1953年出版。故事叙述了在一个压制自由的近未来世界，人们被禁止阅读、拥有书籍，消防员的工作不是灭火，而是焚书。文中的主人公盖·蒙塔格就是一名负责焚书的消防员。华氏451度是雷·布拉德伯里给出的纸张的燃点。——译者注

（续表）

	214 号骰子	817 号骰子
第 3 次投掷	6	6
第 4 次投掷	4	4
第 5 次投掷	3	3
第 6 次投掷	1	1
第 7 次投掷	4	5
第 8 次投掷	4	4

　　如果不算第 7 次投掷稍稍瑕疵的结果，那么这两个骰子之间观察到的正相关就非常精确，达到 100%（相关性总是在 -100% 至 100% 之间）。

　　这种相关性是统计学里不可避免的结果。生活中有很多毫无联系的变量，然而你总会在某个区间范围里，发现这两个变量之间的相关性。当然，这种相关性无疑非常短暂：在这个例子中，如果我们继续投掷 214 号和 817 号骰子，就会立刻发现两者之间根本没有相关性。

假性相关

　　英文网站 Spurious Correlations[1] 以发现现实世界中的变量

1　其网址为 https://www.tylervigen.com/spurious-correlations。——作者注

为乐趣，这些变量在一定区间内呈现出相关性，网站据此进行因果阐释，比如 A 是 B 的原因或者 B 是 A 的原因，令网友捧腹大笑。

比如，1999—2009 年，尼古拉斯·凯奇（Nicolas Cage）出演的电影数量（变量 A）和美国游泳池溺水人数（变量 B）的相关性。另一个例子是缅因州人造奶油的人均消费量越低，缅因州的离婚率就越低。

通常情况下，发现两个变量之间的相关性就足以发表科学论文了。很多研究者浏览含有上千个变量的数据库里各个变量之间的相关性，一旦发现什么意想不到的东西，就高兴得手舞足蹈，却没有意识到他们的"发现"根本称不上是发现，而且所谓的相关性也根本不存在。研究者自己玩一玩这个游戏也没多严重，但当我们试图解释科学论文里提到的相关性时，就要尤其谨慎。

混淆因素是观察到相关性的原因

我们让电脑多次模拟投掷两个有相关性的骰子。第一次投掷时，两个骰子都投出了 4。第二次投掷时，两个骰子都投出了 3……

我们把这些数据拿给一个人看，但不告诉他这些数据是电脑模拟得来的，以确保二者的相关性总是完美无缺，那么那个人可能会以为是第一个骰子"迫使"第二个骰子去复制它（A是B的原因），或者是第二个骰子"迫使"第一个骰子去复制它（B是A的原因）。而事实上，决定这一切的，所谓的"游戏主人"，是电脑。它每次在1—6中随机选择一个数值，再分配给两个骰子。我们称电脑为混淆因素，用C表示。正是C同时影响了A和B，使A和B之间出现了相关性。

诺贝尔奖和巧克力

2012年，在《新英格兰医学杂志》上，几名研究人员发现了一个惊人的相关性。如果观察一些国家人均巧克力的消费量（A）和人均获得诺贝尔奖的数量（B），就会发现这两个变量之间的相关性达到+79.1%，离最高值+100%不远。

然而，是否可以由此得出"吃巧克力能增加获得诺贝尔奖的概率，让人变得聪明"的结论呢？可能吧。总之，当时的报道对此丝毫没有怀疑，这个结论很快传遍全世界：吃巧克力可以变得聪明，科学界刚刚证实了这一点！不用提巧克力生产商对此有多么满意。

然而，当时也有很多反对的声音，比如皮埃尔·莫哈热（Pierre Maurage）、亚历山大·黑伦（Alexandre Heeren）、莫罗·佩森蒂（Mauro Pesenti）组成的研究团队，这个例子中有一个确凿无疑的混淆因素：国家的发展水平或富裕水平。

一个国家发展程度越高，它的教育体系就越健全，教育质量也就越高，对科研的投入自然也越多。这样的国家为天赋异禀的儿童和研究人员提供了一片沃土，让他们有机会不断发展，直到其中的佼佼者获得诺贝尔奖。与此相对，一个出生在教育体系不健全国家的儿童，想要获得诺贝尔奖无疑非常困难，他们最后可能就是在大街上扫地来勉强维生。或许每年都有一大批天才因此被埋没，但这是另一个主题了。

同时，发达国家的居民有更多的钱购买奢侈品，比如巧克力、酒精，以及其他与日常生存无关的物品。

诺贝尔奖大礼包

为了搞笑，这 3 位研究者还找到了比上面这个例子更明显的相关性。你知道人均宜家店面的数量（A）和人均获得诺贝尔奖的数量（B）之间存在明显的相关性吗？该相关性足足有 +82%！

可以由此得出"宜家是研究的催化剂"这个结论吗？可能吧！而这个相关性也可以用之前解释巧克力和诺贝尔奖的那个混淆因素来解释。一个国家越发达，宜家的店面数量往往就越多。一个国家越发达，它对科研和教育的投资就越多，从而为那些有能力获得诺贝尔奖的人提供了发展的沃土。

在这些例子中，混淆因素相对容易辨认。现实情况并非总是如此。特别是在卫生领域，我们总是如履薄冰。例如，2017年，一项研究表示低糖饮料（比如健怡可口可乐）和脑血管意外风险之间存在联系。我们可以由此得出甜味剂对健康有害的结论吗？也许吧。但也有可能存在混淆因素，而甜味剂并不是主要问题。比如，有可能低糖饮料的消费者都是城里人，他们更容易暴露在造成脑血管疾病的真正原因——污染——之中。

一般来说，素食主义者的身高体重指数[1]比非素食主义者要低。尽管乍一看不太明显，但存在一种相关性。变量 A 代表是否是素食主义者的事实，变量 B 代表身高体重指数。当 A 是"素食主义者"时，B 就可能呈现低值。当 A 不是"素食主义者"时，B 就可能呈现高值。这两个变量显然不是独立的。我们可以得出结论说，把盘子里的肉换成奶酪或者植物蛋白就可以降低身高体重指数了吗？可能。但还有下面这种解释：有些人本身就会花费更多的时间去关注饮食结构、做运动、不吃肉只吃素、不坐飞机旅行、消费有机食品和当地食品，等等。其他人则相反，他们喝酒抽烟、大口吃肉、开着汽车。结果就

1　身高体重指数，又称身体质量指数，简称BMI，指代体重除以身高的平方，以千克／平方米为单位表示。——译者注

是：前者往往比后者更健康。这里的混淆因素就是个人特质：正是每个人的特质造就了素食饮食和相对较低的身高体重指数，或者倾向肉类的饮食和相对更高的身高体重指数。

把 A 和 B 的相关性误认为 A 是 B 的原因，这种错误为什么被称作"白鹳效应"呢？这是源于一个经典的假性相关案例。白鹳在城市和乡村之间做出了选择：它们更喜欢乡村。同时，乡村的人口出生率普遍高于城市。一个很好的相关性！哪里的白鹳越多，哪里的出生率就越高。这难道是要证明白鹳可以送宝宝吗？

读到这里，面对 A 和 B 的相关性，你可能想选择白鹳效应的反面做法：放弃 A 是 B 的原因这种观念。不要这样，这样也是愚蠢的。通常，相关性依然是很好的指数，表明 A 可能是 B 的原因。我的建议是，面对相关性，可以这么说：

"这可能说明 A 是 B 的原因。但是还需要深入研究，因为两个变量之间的相关性并不直接等同于前者是后者的原因。"

小　结

到这里，该说点什么作为结束呢？

我们已经一起浏览了上千份人与人在社交网络上或者面对面围绕社会、政治甚至专业领域展开讨论的样本。在这些样本里，我们去掉所有核心是辱骂、攻击个人或攻击形式的对话，也就是落在了格雷厄姆标靶外环的对话，同时去掉那些无论据反驳的对话。只保留包含了有论据反驳，以及对一句话或中心论点进行反驳的对话。

在这些对话中，我们分析哪些使用了诡辩术：诉诸群众、诉诸异国、诉诸自然。对心存疑虑的读者来说：诡辩术的内容远比本书中列举的还要多。现在只剩下真正有意义的对话了。也就是，深入事物本质，有可能让我们接近真相的对话[1]。然

1　即使没有诡辩术，也会有其他错误，比如，一个错误的信息来源也将导致一个错误的结论。——作者注

而，这些对话不过是我们最初样本的冰山一角。说白了，大多数的争论只是在做无用功，在一间没有门窗的房间里转圈圈。唯一能够打破墙壁的工具就是：批判性思维。

批判性思维者的孤独

对一个寻求真理的批判性思维者而言，围绕在他周围的大部分空洞的对话无疑犹如一场灾难。在过去，很多怀疑论者为了前进不得不放弃和其他人的争论。幸运的是，我们现在生活在一个轻轻松松就能在网上找到其他怀疑论者的时代，他们理解本书讲的大部分内容，也可以和他们进行深入有趣的对话。在我看来，更好的解决办法就是让自己周围的人都形成批判性思维，这样就可以和他们进行富有智慧的争论，而不是把自己局限在怀疑论者的精英圈子里。让男女老少有机会接触这本书或者其他具有批判精神的书籍。给你的妈妈、丈夫、好朋友读一读这本书，告诉他们你学到了什么。你是老师吗？那就组织一场基于格雷厄姆标靶的角色游戏吧。邀请你的学生使用相同的诡辩术来同时为一件事及其对立面做辩护。在家庭聚餐前，一起看一集充满质疑精神的影片吧，比如"宇宙"系列剧集 [1]。

---

1 "宇宙"系列（*Cosmos*），美国系列科学纪录剧集。——译者注

当然，你自己也要继续保持批判性思维。你可以利用网上的资源，比如 cortecs.org 上，对本书中提到的诡辩术进行补充。当你在辩论或者交换观点时想到了一个好的论据，一定要记下来。读一读其他具有批判精神的书籍，比如亨利·布洛赫和乔治·夏帕克合写的《成为巫师、成为智者》(*Devenez sorciers, devenez savants*, Henri Broch et Georges Charpak)，托马斯·杜兰的《什么时候拐弯抹角？》(*Quand est-ce qu'on biaise?*, Tomas Durand)。

最重要的是，玩得尽兴！通往真理的路上充满了荆棘，但这并不意味着其中不会充满肆意的笑声和欢乐的时光。

图书在版编目（CIP）数据

反驳的艺术 / (比) 纳坦·乌伊汤达著; (哈) 阿德
利娜·库尔马哈诺娃绘; 李琦译. -- 北京 : 北京联合
出版公司, 2023.4
　　ISBN 978-7-5596-6590-4

　　Ⅰ. ①反… Ⅱ. ①纳… ②阿… ③李… Ⅲ. ①语言艺
术—通俗读物 Ⅳ. ①H019-49

中国国家版本馆CIP数据核字(2023)第011472号

Originally published in France:
L'art d'exprimer son désaccord sans se fâcher by Nathan Uyttendaele
Illustrated by Adelina Kulmakhanova
©Belin/Humensis, 2020
Current Chinese translation rights arranged through Divas International, Paris
巴黎迪法国际版权代理 (www.divas-books.com)

北京市版权局著作权合同登记　图字: 01-2022-4319

反驳的艺术
著　　绘：［比］纳坦·乌伊汤达　［哈］阿德利娜·库尔马哈诺娃
译　　者：李　琦
出 品 人：赵红仕
选题策划：后浪出版公司
出版统筹：吴兴元
编辑统筹·郝明慧
特约编辑：王　凯
责任编辑：徐　鹏
营销推广：ONEBOOK
装帧制造：墨白空间·张萌

北京联合出版公司出版
（北京市西城区德外大街 83 号楼 9 层　100088）
后浪出版咨询（北京）有限责任公司发行
天津联城印刷有限公司　新华书店经销
字数79千字　889毫米×1194毫米　1/32　4.375印张
2023 年 4 月第 1 版　2023 年 4 月第 1 次印刷
ISBN 978-7-5596-6590-4
定价：62.00 元